AICE
AI Certificate for Everyone

인공지능 활용능력 평가

AICE FUTURE 2급

AICE Future 2급 수험서를 내며……

미래 AI 경쟁력 강화의 디딤돌 AICE Future

2023년 10월 28일, 우리나라 최초로 초등학생과 중학생을 대상으로 인공지능 활용 능력 평가 자격 검정인 '제1회 AICE Future 정기시험'이 시행되었습니다. 미래의 인공지능 기술에 대하여 관심을 가진 많은 학생들과 강사 지원자들이 시험에 응시하여 성황리에 치러졌고 90% 이상의 합격률을 보이는 등 성공적으로 자리매김을 하였습니다.

AICE는 KT와 한국경제신문이 공동으로 주관하는 AI 활용 능력 평가 시험으로 초·중등학생들을 대상으로 하는 'AICE Future'와 중·고등학생이 대상인 'AICE Junior', 성인 대상의 'AICE Basic'을 거쳐 전공자를 대상으로 하는 'AICE Associate'와 전문 개발자를 대상으로 하는 'AICE Professional'까지 생애 주기별 AI 활용 능력을 평가합니다.

KT는 이미 AICE Future 3급 수험서와 학습 VOD를 개발하여 보급했으며, 온·오프라인 시험의 성공적인 시행을 위한 모든 기반을 갖추었습니다. AICE Future 3급은 본격적인 AI 학습을 하기 전, 블록 코딩 기초 학습과 음성인식, 음성합성, 호출어 기능 등을 활용한 인공지능 비서 만들기 실습 등을 통해 입문자들이 AI에 대한 흥미를 갖도록 돕습니다. 그리고 AI 코딩의 기본 원리인 알고리즘을 경험하여 디지털 리터러시(literacy)를 증대시키는 데 중점을 두고 커리큘럼을 구성하였습니다.

AICE Future 3급에서 AI에 대한 기본적인 지식과 관심을 키운 후, 이번에 새롭게 개발된 2급에서는 본격적인 AI 학습을 시작하게 되는데 그렇다고 곧바로 어려운 텍스트 코딩을 통해 AI 기술을 구현하는 것은 아닙니다. KT에서 개발한 AI 학습용 프로그래밍 언어인 'AI 코디니'를 활용하여 반복문, 조건문 등을 익히고, 데이터 세트, 리스트 등을 통해 데이터 관리 실습을 합니다. 또한 번역 시스템 코딩, 영상 인식, 명소 인식 등을 통하여 다양한 AI의 작동을 경험하고 지도학습과 비지도학습을 실습하며 머신러닝의 기초를 배우게 됩니다. 이러한 실습과 아울러 인공지능 기술의 발달과 데이터 과학, 인공지능 윤리, 인공지능의 미래 등 우리가 알아야 할 인공지능과 관련된 다양한 배경지식도 함께 학습합니다. 본 수험서로 이러한 내용을 배우고 익힌 뒤에는 AICE Future 2급 자격 검정에 도전할 수 있고, 이 검정을 통과한다면 우리 아이들은 비로소 인공지능에 대한 기초 지식과 미래 AI 세계에 대한 통찰력을 갖게 될 것입니다.

AICE Future는 모든 아이를 AI 전문가로 만드는 것이 목적은 아닙니다. 우리 아이들이 머지않은 미래에 다가올 AI 시대에 잘 적응하고, 우리나라의 미래를 이끌어 나갈 다양한 분야의 역량 있는 인재를 양성하는 것이 목적입니다. 그런 차원에서 우리나라의 대표적인 AI 기업인 KT는 AICE Future의 보급은 물론 사회 취약계층을 위한 AI 교육 서비스를 제공하고 있으며, 〈전국 학생 AI 코딩 경진 대회〉를 개최하는 등 AI 교육 강화와 더불어 사회 공헌 활동도 함께 실행하고 있습니다. KT의 AICE Future와 함께 대한민국의 학생들이 AI 시대의 꿈을 펼쳐 나가기를 기원합니다.

Team AICE

CONTENTS 목차

AICE FUTURE 학습하기

제1장 인공지능 이론

1. 인공지능 기술의 획기적인 발전
   (1) 인공지능의 발전 · · · · · · · · · · · · · · · 10
   (2) 하드웨어의 발전 · · · · · · · · · · · · · · · 11
   (3) 빅데이터의 축적 · · · · · · · · · · · · · · · 12

2. 데이터의 활용
   (1) 데이터란? · · · · · · · · · · · · · · · · · · · 13
   (2) 데이터의 속성 · · · · · · · · · · · · · · · · 14
   (3) 데이터의 수집 · · · · · · · · · · · · · · · · 15
   (4) 데이터의 시각화 · · · · · · · · · · · · · · 16

3. 머신러닝 기초
   (1) 머신러닝이란? · · · · · · · · · · · · · · · · 18
   (2) 머신러닝의 학습 방법 · · · · · · · · · · · 20
   (3) 머신러닝의 문제 해결 방법 · · · · · · · 22

4. 인공지능의 사회적 영향
   (1) 인공지능 윤리 · · · · · · · · · · · · · · · · 25
   (2) 인공지능과 우리의 미래 · · · · · · · · · 27
   (3) 인공지능 시대의 직업 · · · · · · · · · · · 28
   • 실전 문제 • · · · · · · · · · · · · · · · · · · · 29

CONTENTS

제2장 AI 학습을 위한 기본 코딩

1. 각종 코딩 블록
(1) 이벤트 코딩 블록 · · · · · · · · · 34
(2) 흐름 코딩 블록 · · · · · · · · · 40
(3) 변수 코딩 블록 · · · · · · · · · 46
(4) 계산 코딩 블록 · · · · · · · · · 49
(5) 동작 코딩 블록 · · · · · · · · · 51
• 실전 문제 • · · · · · · · · · 54

2. 반복 블록 활용
(1) 반복 블록의 활용(while문과 for문) · · · · · · · · · 58
(2) while문 반복 블록 · · · · · · · · · 59
(3) for문 반복 블록 · · · · · · · · · 62
• 실전 문제 • · · · · · · · · · 65

제3장 데이터 학습

1. 데이터 세트
(1) 데이터 처리하기 · · · · · · · · · 68
(2) 데이터 세트 코딩 블록 · · · · · · · · · 69
(3) 데이터 세트를 활용한 코딩하기 · · · · · · · · · 70
(4) 기본 데이터 세트 활용하기 · · · · · · · · · 73
(5) 나만의 데이터 세트 만들기 · · · · · · · · · 74
프로젝트 1. 생일을 알려 주는 AI 프로그램 · · · · · · · · · 75
프로젝트 2. 물건 값을 알려 주는 AI 프로그램 · · · · · · · · · 77
• 실전 문제 • · · · · · · · · · 80

CONTENTS

2. 리스트
- (1) 리스트란? · · · · · · · · · · · · · 82
- (2) 리스트 만들기 · · · · · · · · · · · 83
- (3) 리스트 항목 입력하기 · · · · · · · 84
- (4) 리스트를 활용하여 코딩하기 · · · · 86
- (5) 음성으로 리스트 항목 추가하기 · · · 88
- 프로젝트 1. 코디니와 함께하는 여행 이야기 · · · · · 89
- 프로젝트 2. 리스트를 활용하여 아는 사람 찾아보기 · · · · · 91

3. 리스트와 반복문 활용하기
- (1) 반복문으로 리스트 항목 입력하기 · · · · · 94
- (2) 리스트 항목 합계, 평균 구하기 · · · · 95
- (3) 리스트 항목 출력하기 · · · · · · · 96
- •실전 문제• · · · · · · · · · · · · · · 99

제4장 정보 활용 AI 코딩

1. API란?
- (1) 생활 속의 API · · · · · · · · · · 104
- (2) API란? · · · · · · · · · · · · · · 105

2. API를 활용한 코딩
- (1) 동네 별 일기예보 · · · · · · · · · 106
- 프로젝트 1. 날씨를 알려 주는 AI 프로그램 · · · · · · · · 109

CONTENTS

제5장 다양한 AI 코딩하기

1. 자동 번역 시스템 코딩하기
 (1) 다양한 언어들과 번역 ··················· 116
 (2) 번역 명령 블록 ························ 117
 (3) 번역, 통역 프로그램 코딩하기 ············ 118
 프로젝트 1. 자동 번역 AI 프로그램 ············ 120
 •실전 문제• ····························· 126

2. 영상 인식과 이미지 인식
 (1) 영상 인식의 활용 ······················ 128
 (2) 영상 인식하기 ························ 129
 (3) 이미지 삽입하기 ······················ 130
 (4) 객체 감지하기 ························ 131
 (5) 객체 인식 활용 코딩하기 ················ 132
 (6) 명소 감지하기 ························ 133
 프로젝트 1. 객체/명소 인식 스마트 봇 ·········· 134
 •실전 문제• ····························· 140

3. 머신러닝 기초 실습
 (1) 머신러닝이란? ························ 142
 (2) 지도학습과 비지도학습 ·················· 143
 (3) 지도학습 ···························· 144
 (4) 비지도학습 ·························· 155
 •실전 문제• ····························· 159

CONTENTS

AICE FUTURE 도전하기

AICE FUTURE 모의 평가 실습 방법 · · · · · · · · · · · · · 162
AICE FUTURE 2급 검정 실전 대비 가이드 · · · · · · · · · · 163
✏️ AICE Future 대비 모의 평가 · · · · · · · · · · · · · 165

정답 및 해설

💡 AICE Future 대비 실전 문제 정답 및 해설 · · · · · · · · · 175
💡 AICE Future 대비 모의 평가 정답 및 해설 · · · · · · · · 187

인공지능 활용능력 평가

AICE FUTURE 2급

AICE FUTURE 학습하기

제1장

인공지능 이론

1. 인공지능 기술의 획기적인 발전
2. 데이터의 활용
3. 머신러닝 기초
4. 인공지능의 사회적 영향

제1장 인공지능 이론

1. 인공지능 기술의 획기적인 발전

1. 인공지능의 발전

1956년 다트머스 회의에서 인공지능의 개념이 처음 등장한 후 탐색[1]과 추론[2]에 의해 문제를 해결하려는 시도가 있었고, 1980년대에는 전문가 시스템의 등장으로 특정 전문가의 영역을 컴퓨터가 해결해 주는 방식으로 많은 기업들이 인공지능 기술을 활용하기도 하였습니다. 그러나 이러한 인공지능의 1, 2차 전성기 때에는 인공지능이 매우 제한적인 영역에서만 활용 가능했고 스스로 학습하여 판단하는 인공지능의 영역에는 도달하지 못하고 있었습니다.

그러던 중 1990년대 들어와 컴퓨터 기술이 발달하고 인터넷의 보급과 더불어 데이터가 폭발적으로 증가했습니다. 성능이 좋은 컴퓨터가 등장함에 따라 수많은 데이터를 분석하여 스스로 학습할 수 있게 되면서 인공지능 기술이 크게 발전하고 있습니다.

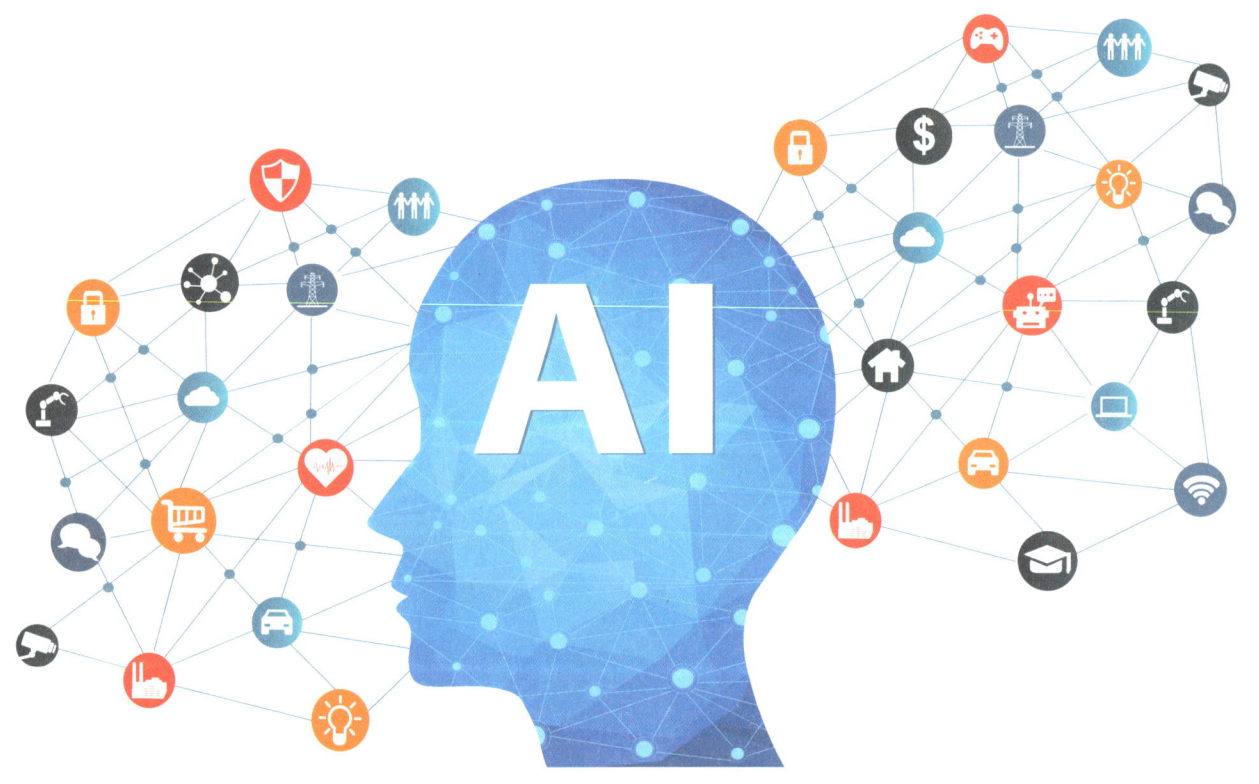

---

1) **탐색**: 드러나지 않은 사물이나 현상을 찾는 것
2) **추론**: 이미 알고 있는 또는 확인된 정보로부터 논리적 결론을 이끌어 내는 것

2 하드웨어의 발전

딥블루와 왓슨은 IBM이 만든 인공지능 컴퓨터입니다. 1997년 딥 블루는 인간인 체스 챔피언을 상대로 체스 경기에서 승리하였고, 2011년 왓슨은 Jepardy라는 퀴즈 쇼에서 챔피언인 인간을 상대로 여유롭게 승리하였습니다. 인공지능 컴퓨터가 인간에게 승리할 수 있었던 것은 뛰어난 성능의 컴퓨터에서 비롯된 것이었지요. 실제로 딥 블루는 1950년대에 체스를 처음 시도했던 컴퓨터 '마크 1'보다 1천만 배나 빠른 것이었습니다. 이렇게 처리 속도와 메모리 양이 급격히 증가된 컴퓨터 덕분에 인공지능 기술은 빠르게 발전할 수 있었습니다.

더구나 게임이나 영상 편집 등에 사용하던 GPU(Graphic Processing Unit, 그래픽 처리장치)가 월등한 성능을 바탕으로 인공지능 컴퓨터의 핵심부품으로 사용되면서 인공지능 기술의 핵심인 딥러닝 기술의 발달에 결정적인 발판이 마련되었습니다.

 AI 분야의 전문가인 스탠포드 대학의 앤드류 응 교수는 "12개의 GPU가 2000개의 CPU(Central Processing Unit, 중앙처리장치)와 맞먹는 딥러닝 성능을 발휘한다"라고 하였습니다.

3. 빅데이터의 축적

AI 기술의 핵심인 머신러닝은 수많은 데이터를 학습시켜 컴퓨터가 스스로 판단할 수 있도록 하는 것입니다. 따라서 학습하는 데이터가 많을수록 정교한 인공지능 기술로 구현할 수 있습니다.

2000년대에 들어서면서 인터넷의 보편화와 더불어 과거와는 비교할 수 없을 정도의 많은 데이터가 생성되었습니다. 이렇게 생성되어 축적된 데이터는 머신러닝의 재료가 되어 정교한 인공지능 기술로 나타납니다. 대표적인 사례로 생성형 AI 기술인 ChatGPT는 인터넷과 모바일에 축적된 수많은 데이터를 학습하여 인간의 질문에 대하여 매우 정교하게 대답합니다.

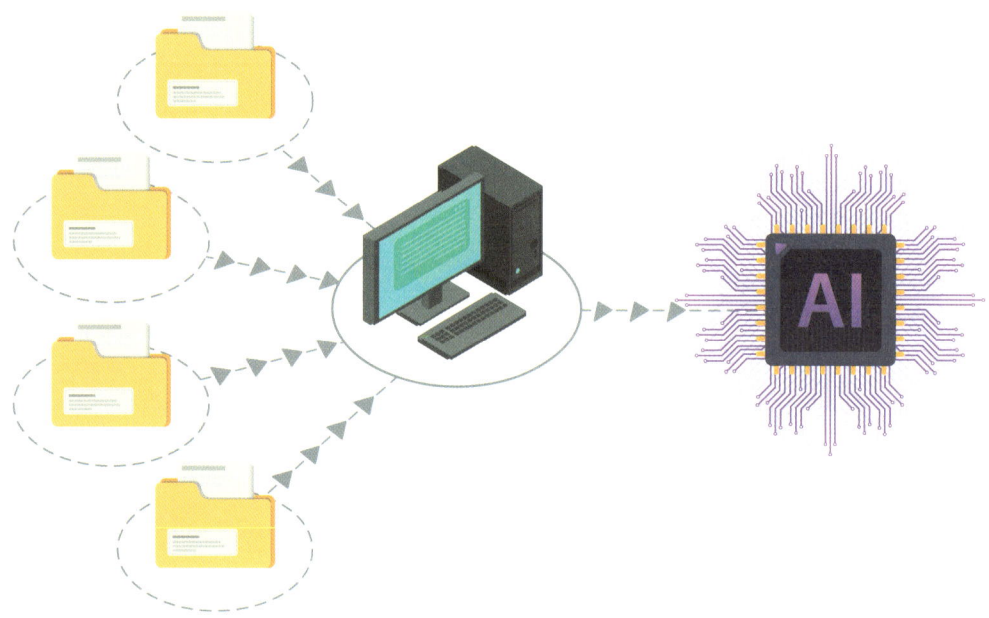

 빅데이터란?

빅데이터란 방대한 데이터로부터 결과를 분석하고 가치를 찾아내는 기술을 말합니다. 단순히 많은 데이터를 의미하는 것이 아니라 데이터로부터 결과를 분석하고 가치를 창출하는 모든 활동을 포함합니다. 빅데이터의 특징은 규모(Volume), 속도(Velocity), 다양성(Variety)의 3V로 정의될 수 있습니다. 빅데이터는 방대한 대량의 데이터를 보유하여야 하고, 처리 속도가 빨라야 하며, 다양한 유형의 데이터도 처리할 수 있어야 한다는 것입니다. 이러한 빅데이터는 인공지능 기술 발달의 원동력이라고 할 수 있습니다.

제1장 인공지능 이론
2. 데이터의 활용

1. 데이터란?

데이터(Data, 자료)란 현실 세계에서 측정하고 수집한 사실이나 값으로 어떤 규칙을 찾는 데 바탕이 되는 자료를 말합니다. 이러한 데이터를 어떠한 목적이나 의도에 맞게 가공한 것을 '정보'라고 합니다. 예를 들어 연간 날짜 별 기온, 습도, 날씨 등을 조사하였다면 날짜 별 기온은 데이터이며, '우리나라의 평균기온은 12.1도이다'는 데이터를 가공해서 얻은 정보라고 할 수 있습니다.

인공지능에 있어 데이터는 사람의 지식과 경험에 해당합니다. 사람이 경험과 지식을 쌓아 이를 바탕으로 판단하고 행동하는 것처럼 인공지능은 학습한 데이터를 기반으로 판단하고 역할을 수행합니다.

사례 코디니 중학교 학생들 중 방과 후 여유가 있는 학생들이 모여 코딩 학습 특별활동을 합니다. 코딩반은 현재 73명이 활동하고 있는데, 중간 시험과 학기말 시험을 통해 코딩 학습의 성과를 측정하여 발표합니다. 코딩반에서는 새로운 회원에게 어느 정도 출석하면 어떤 성과를 낼 수 있다고 설명해 주기도 합니다.

이 사례에서 출석률 별 성적은 데이터이고, 각 데이터 별 평균, 중앙값, 최댓값, 최솟값 등은 정보입니다. (실제 데이터 출처는 인도의 마하라슈트라 공과대학 자료임)

출석률(%)	중간 시험(30점 만점)	학기말 시험(70점 만점)
70	10	42
92	7	39
67	3	32
82	16	50
80	9	44

〈데이터〉

컬럼명	타입 Type	평균 Mean	중앙값 Median	최솟값 Min.	최댓값 Max.	표준편차 Std.	분산 Var.
출석률(%)	숫자	81.70	80.00	62.00	98.00	9.51	90.38
중간 시험(30점 만점)	숫자	9.78	10.00	3.00	17.00	3.05	9.28
학기말 시험(70점 만점)	숫자	46.63	47.00	32.00	64.00	6.62	43.79

〈정보〉

(이 장에서 인용한 데이터는 AI 코디니의 AI 학습 메뉴에 샘플 데이터로 저장되어 있는 코딩 학습용 데이터 세트입니다.)

2. 데이터의 속성

어떤 문제가 발생했을 때, 이를 해결하기 위해서는 데이터가 필요합니다. 이 때 데이터의 질은 매우 중요합니다. 문제 해결을 위한 양질의 데이터를 확보하기 위해서는 해결하고자 하는 문제가 무엇인지 다시 한번 생각하고 이에 해당하는 데이터를 찾아야 합니다. 이를 위해서는 데이터의 속성(Attribute)을 살펴볼 필요가 있습니다.

하나의 사물에는 여러 가지 특징이나 성질이 존재합니다. 이러한 것을 사물의 속성이라고 합니다. 속성들은 서로 다른 특징과 성질을 나타내므로 우리는 속성들을 구분할 수 있습니다. 데이터에도 다양한 속성이 존재합니다. 예를 들어 학생 성적이라는 데이터가 있을 때, 해당 학생의 성적은 국어, 영어, 수학 점수라는 속성으로 구분될 수 있습니다. 날씨 데이터 세트에서는 날짜를 기준으로 하는 데이터에 기온, 습도, 날씨 등이 속성으로 있다는 것을 알 수 있습니다.

데이터의 속성은 우리 생활에서 사용하는 데이터를 구분하는 중요 정보가 되며 생활 속에서 속성 값에 따라 행동하는 경우가 많습니다. 예를 들어 어떤 학생의 점수를 보고 학습 방법을 결정하거나 날씨를 보고 옷차림을 달리하기도 합니다. 또 속성을 분석하여 인공지능에게 학습시키면 새로운 데이터에 대한 속성을 예측할 수도 있습니다.

 코딩반의 데이터에서 시험 성적은 속성입니다. 속성 값인 중간 시험 결과에 따라서 출석을 감독하고 격려하는 등의 정책을 수립하는 기준이 될 수 있습니다. 또 속성인 시험 성적을 분석하여 출석률에 따른 점수를 예측할 수도 있습니다.

제1장 인공지능 이론

3. 데이터의 수집

인공지능 모델링을 위하여 필요한 데이터를 수집하는 방법에 대하여 알아보겠습니다. 먼저 공공데이터 포털, 서울 열린데이터 광장 등, 정부나 공공기관에서 수집·생산하는 공공데이터 수집 방법이 있습니다. 캐글[1]이나 데이터 거래소 등 민간 기관이나 개인이 수집·제공하는 민간데이터를 수집하는 방법도 있습니다. 이 밖에 설문 조사, 인터뷰 등을 통하여 데이터를 직접 수집하는 방법이 있습니다.

이 때 이미지, 소리, 텍스트, 수치 데이터 등 어떤 유형의 데이터가 필요한지 잘 판단하여 수집하여야 합니다. 데이터에 비어 있는 값(결측값)이 너무 많거나 중복되는 값(중복값)이 많은 경우, 그리고 다른 데이터에 비해 범위가 많이 벗어나는 값(이상치)이 많은 경우는 데이터의 질이 떨어지기 때문에, 이를 주의하여 양질의 데이터를 수집하도록 합니다.

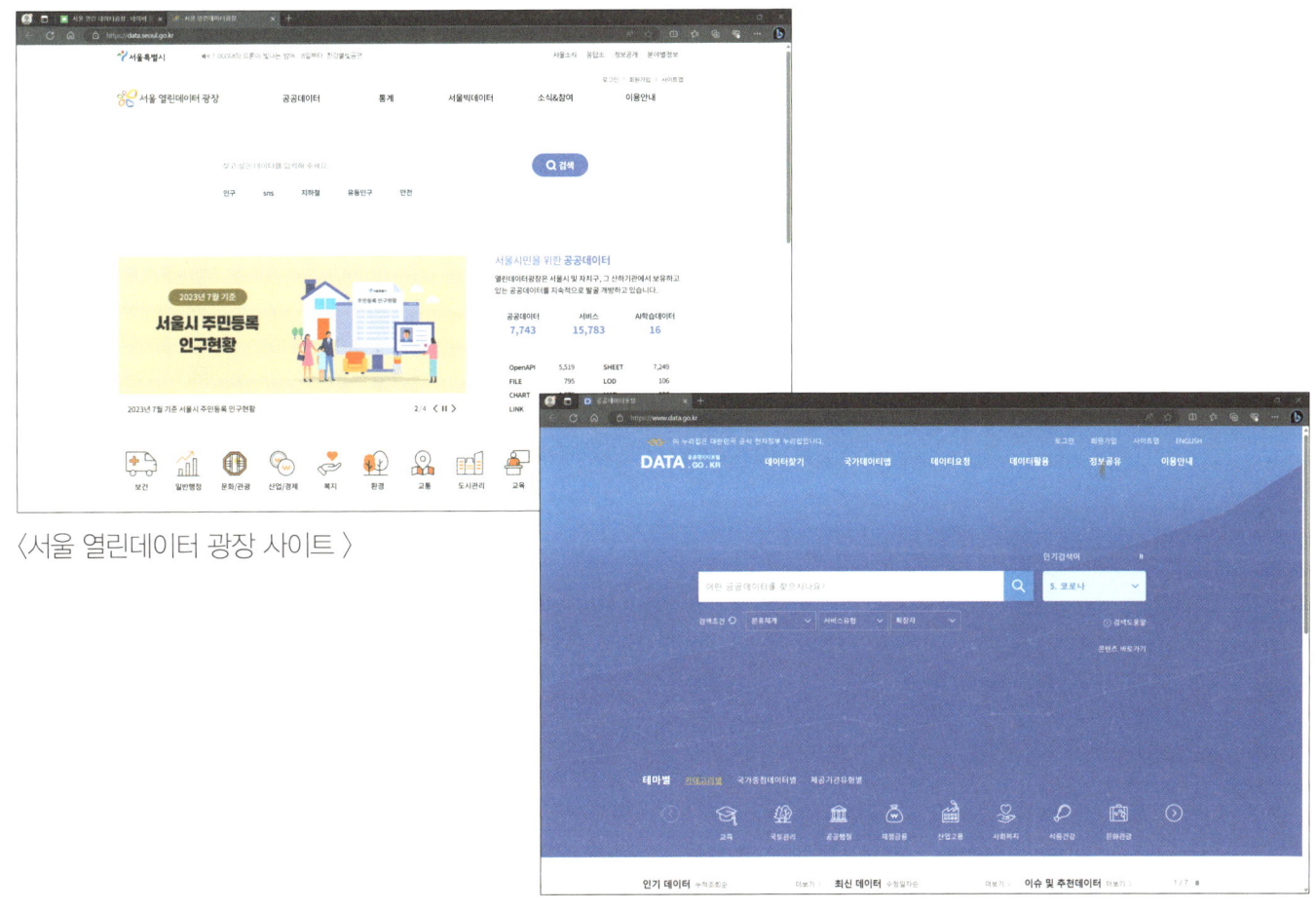

〈서울 열린데이터 광장 사이트〉

〈공공데이터 포털〉

---

1) 캐글: 데이터과학 및 머신러닝 경진대회를 주최하는 온라인 커뮤니티

AICE FUTURE 학습하기

4. 데이터의 시각화

나이팅게일은 영국의 간호사로, 러시아와 영국을 비롯한 연합국 사이에 벌어진 크림 전쟁(1853~1856) 당시 야전 병원에서 많은 군인 환자들을 돌보아 '백의의 천사'로 불립니다.

처음 야전 병원에 도착한 그녀는 병사들이 전쟁 중 부상으로 사망하기보다는 병원의 위생 문제로 더 많이 사망한다는 것을 깨닫게 되었습니다. 그녀는 이러한 상황을 그래프로 그려서 상부에 보고를 하였습니다. 그녀의 그래프를 본 당국에서는 그 내용을 쉽게 이해할 수 있었고, 병원 위생을 개선하는 정책을 시행하였습니다. 그 결과 병사들의 사망률이 눈에 띄게 낮아졌습니다.

나이팅게일이 당국자들을 설득하여 야전 병원의 환경을 개선할 수 있었던 것은 데이터를 시각화하여 누구나 쉽게 이해할 수 있도록 하였기 때문입니다.

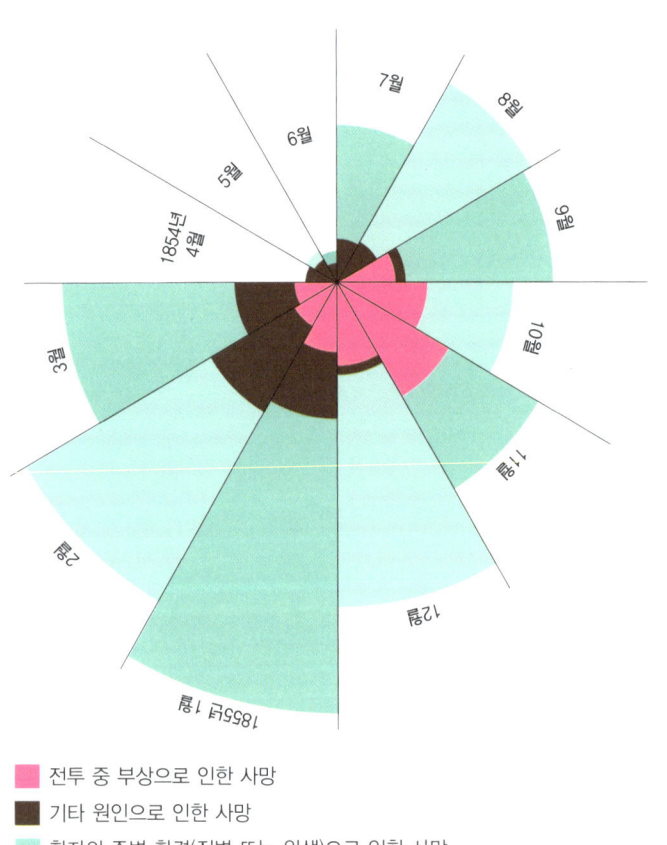

〈플로렌스 나이팅게일〉

〈병사들의 사망 원인 분석(1854.4~1855.3.)〉

시각화 사례

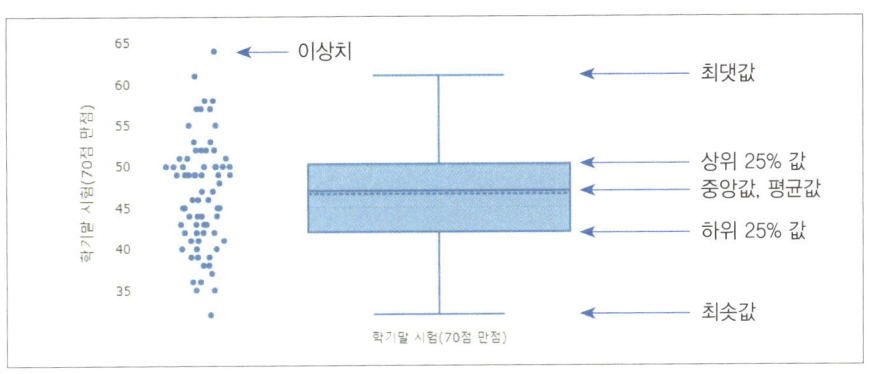

학기말 성적의 분포를 나타낸 그래프

〈박스 그래프(상자 수염 그림)〉

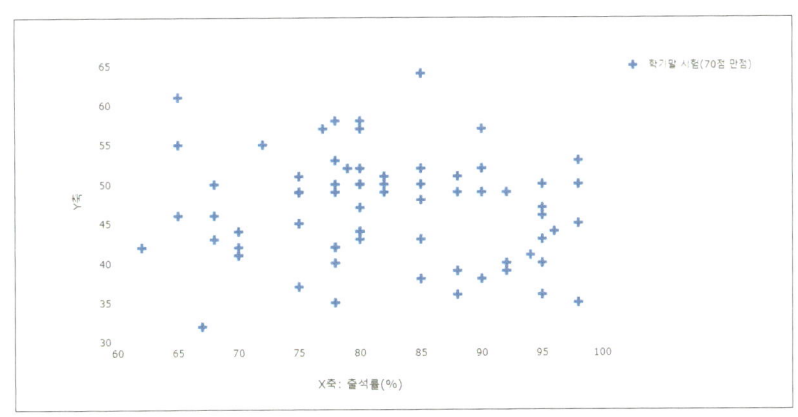

출석률 별 학기말 성적의 관계를 나타낸 그래프

〈점 그래프〉

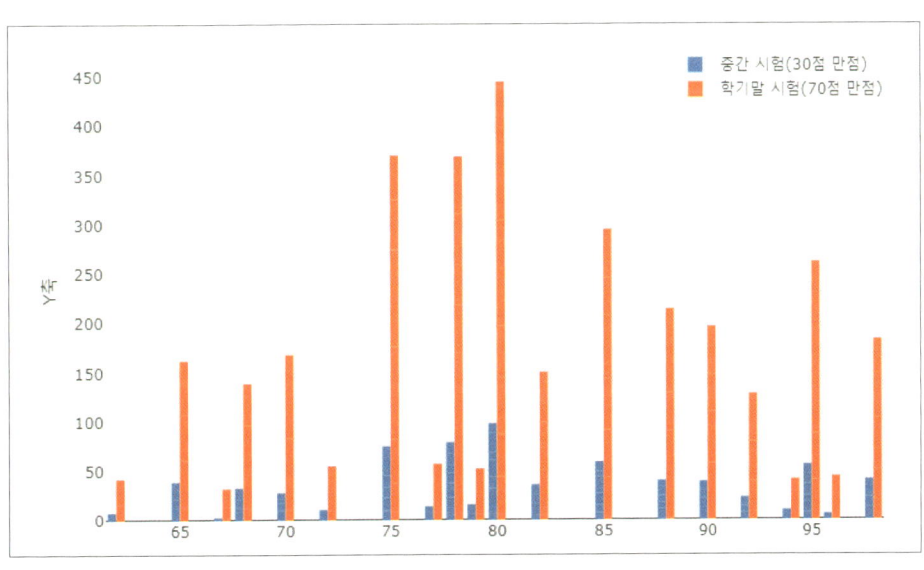

출석률 별 중간 시험과 학기말 성적의 관계를 나타낸 그래프

〈막대 그래프〉

제1장 인공지능 이론

3. 머신러닝 기초

1. 머신러닝이란?

'머신러닝' 이란 기계, 즉 컴퓨터가 사람처럼 학습을 한다는 것입니다. 인공지능에 있어서의 학습이란 기계(컴퓨터)가 제 역할을 하기 위하여 성능을 개선하거나 새로운 지식을 습득하는 과정입니다. 사람이 많은 지식을 쌓고 경험을 통해서 얻은 노하우로 올바른 판단을 하며 잘 살아갈 수 있는 것처럼 컴퓨터도 데이터와 알고리즘을 사용하여 예측, 분류, 추천 등 다양한 작업을 수행하는 똑똑한 인공지능 모델을 만드는 것이 학습의 주된 목표입니다.

① 인공지능과 머신러닝

머신러닝은 인공지능 기술 중의 한 분야입니다. 인공지능이란 컴퓨터가 학습해서 인간처럼 판단하고 행동하는 것이므로 학습, 즉 머신러닝이 인공지능 기술의 핵심인 셈입니다. 특히 머신러닝 중에서도 인간의 뇌를 모방해서 만든 딥러닝 기술이 등장하면서 인공지능 기술은 큰 발전을 이루게 되었습니다.

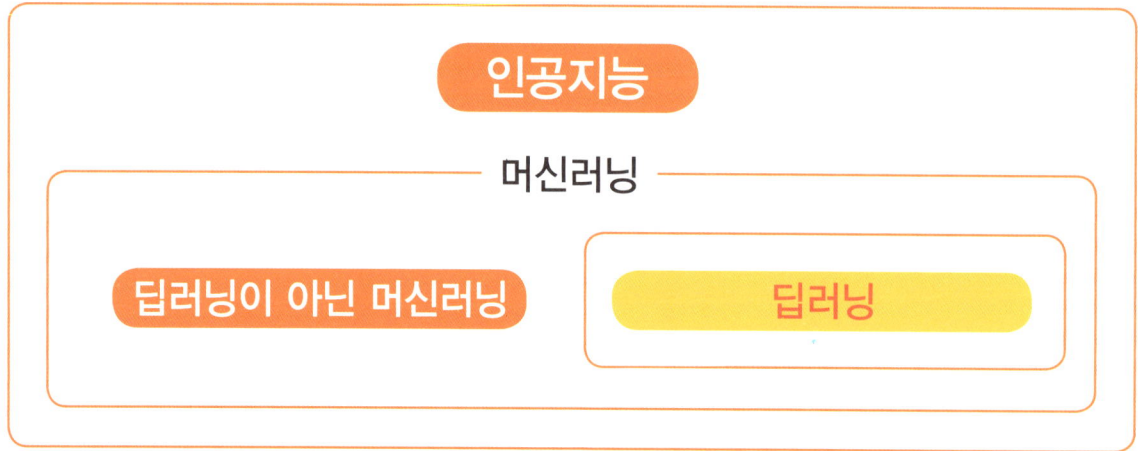

인공지능, 머신러닝, 딥러닝

② 머신러닝과 딥러닝

딥러닝은 머신러닝의 한 분야입니다. 인공지능에서 머신러닝이 도입되었으나 크게 발전하고 있지 못하다가 딥러닝이 등장하면서 많은 성과를 이루었습니다. 딥러닝 방식은 인간의 뇌에 있는 신경망을 바탕으로 인공신경망을 개발하여 인공지능의 데이터 학습 능력을 획기적으로 발전시켰습니다.

딥러닝이 아닌 머신러닝은 개와 고양이에 대한 학습을 할 때 컴퓨터에게 개와 고양이의 털 길이, 색깔 등 다양한 데이터를 주어야만 학습이 가능하였으나, 딥러닝은 개와 고양이의 이미지만 주어도 인공 신경망에 의해 스스로 학습을 할 수 있습니다.

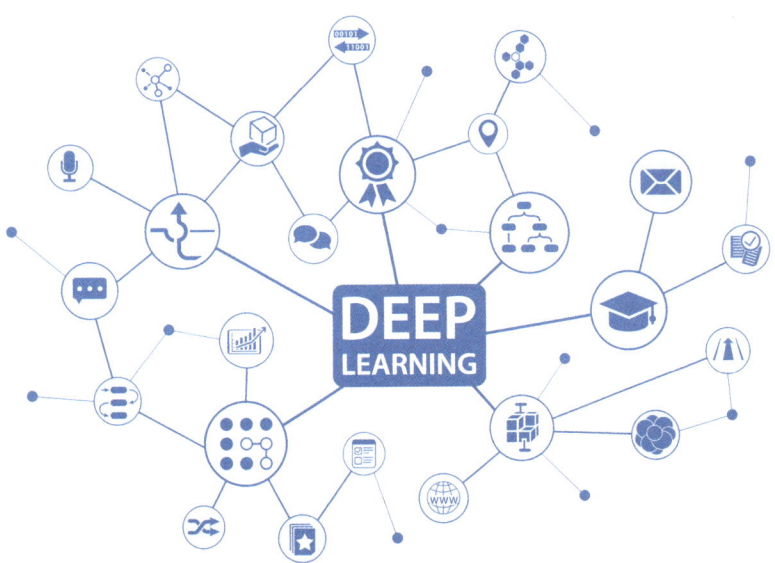

AICE FUTURE 학습하기

2. 머신러닝의 학습 방법

머신러닝의 학습 방법에는 크게 지도학습, 비지도학습, 강화학습 등이 있습니다. 다음에서 지도학습과 비지도학습에 대해 알아봅니다.

① 지도학습

'지도학습'이란 수영을 배울 때, 코치의 지도 아래 체계적으로 배우듯이 인간이 먼저 체계적으로 정리한 수많은 데이터로 된 문제와 답을 준 다음 학습시키고 새로운 문제에 대하여 답을 하거나 예측하도록 하는 학습 방법입니다.

예를 들어 수많은 강아지 사진을 주고 그것은 강아지라고 알려 줍니다. 이때 강아지라는 정답을 '레이블'이라고 합니다. 즉 하나의 레이블에 수많은 데이터를 주고 학습시키는 것입니다. 그렇게 학습시킨 후, 강아지 이미지를 보여 주면 강아지라고 정답, 즉 강아지 레이블을 답하는 것이지요.

인공지능 모델의 학습 데이터

정답(레이블)

새로운 데이터
정답(레이블): 고양이

② 비지도학습

'비지도학습'은 혼자 물에 들어가서 팔 다리를 움직이며 수영하는 법을 터득하는 것처럼 정답 데이터 없이 인공지능 스스로 문제 데이터를 학습하여 데이터의 구조나 패턴을 찾는 학습 방법입니다.
예를 들어 수많은 동물들의 이미지를 주고 스스로 각각의 특징을 찾아 군집화[1]하여 정답을 찾도록 하는 방법입니다.

인공지능 모델의 학습 데이터

수많은 강아지와 고양이 이미지를 주고 스스로 학습하여 강아지와 고양이를 구분하도록 합니다.

인공지능 모델의 학습 데이터

비지도학습에서는 정답(강아지, 고양이)을 주지 않고 학습을 시키므로 위 그림에서처럼 색깔 별로 군집화하여 학습할 수도 있습니다.

---

1) 군집화: 유사한 특성을 갖는 데이터들을 묶는 것

AICE FUTURE 학습하기

3. 머신러닝의 문제 해결 방법

앞서 머신러닝의 학습 방법에는 지도학습과 비지도학습이 있다고 배웠습니다. 그렇다면 학습을 위한 구체적인 문제 해결 방법에는 어떤 것이 있을까요? 지도학습에는 '분류'와 '회귀'의 방법이 많이 쓰이고, 비지도학습에서는 '군집화'의 방법이 주로 쓰입니다.

① 분류

'분류'는 지도학습에서 사용되는 문제 해결 방법으로, 유사한 특징을 학습하여 분류하고 이를 바탕으로 새로운 문제에 대한 답을 하는 방식입니다. 강아지와 고양이의 사례처럼 "이것은 강아지야.", "이것은 고양이야."와 같이 정답(레이블)과 이미지(데이터)를 주고 이를 학습시킨 후 새로운 이미지를 보여 주면 인공지능이 고양이인지 강아지인지 알아맞히는 방법입니다.

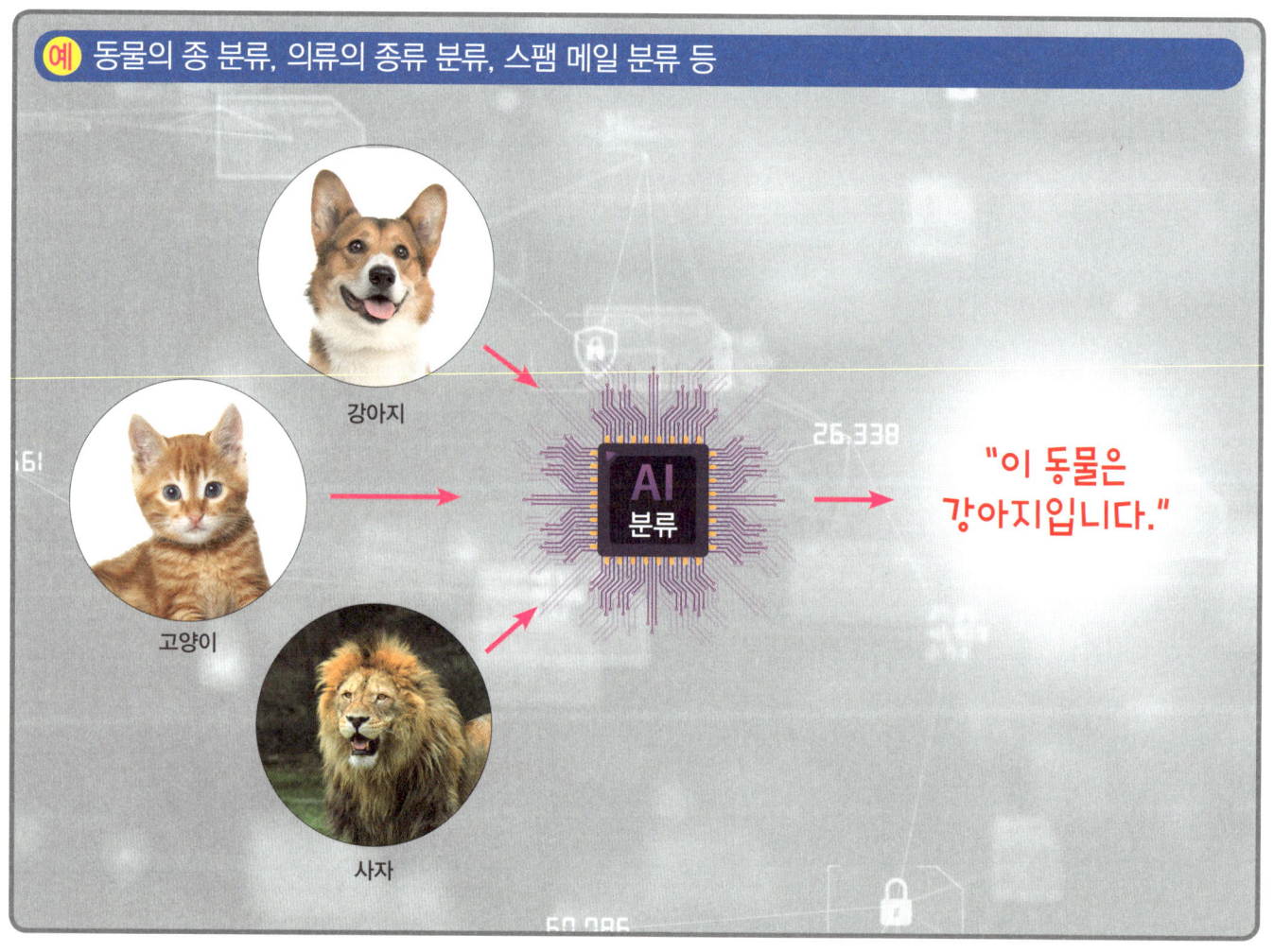

예 동물의 종 분류, 의류의 종류 분류, 스팸 메일 분류 등

② 회귀

'회귀'도 지도학습의 한 유형으로, 수많은 데이터를 학습하여 그 규칙성을 알아내고 이를 바탕으로 새로운 문제에 대한 답을 구하는 방식입니다. 예를 들어 날씨에 따른 아이스크림 판매량을 예측한다고 할 때, 기온이나 습도, 하늘의 상태 등을 분석하여 학습시킨 후 특정한 조건에서 아이스크림 판매량을 예측하는 것은 회귀에 해당합니다. 앞에서 배운 출석률 별 시험 성적 데이터 같은 경우에도 이 데이터를 학습시키고 출석률에 따른 시험 성적을 예측한다고 할 때, 이 문제 해결 방법도 회귀입니다.

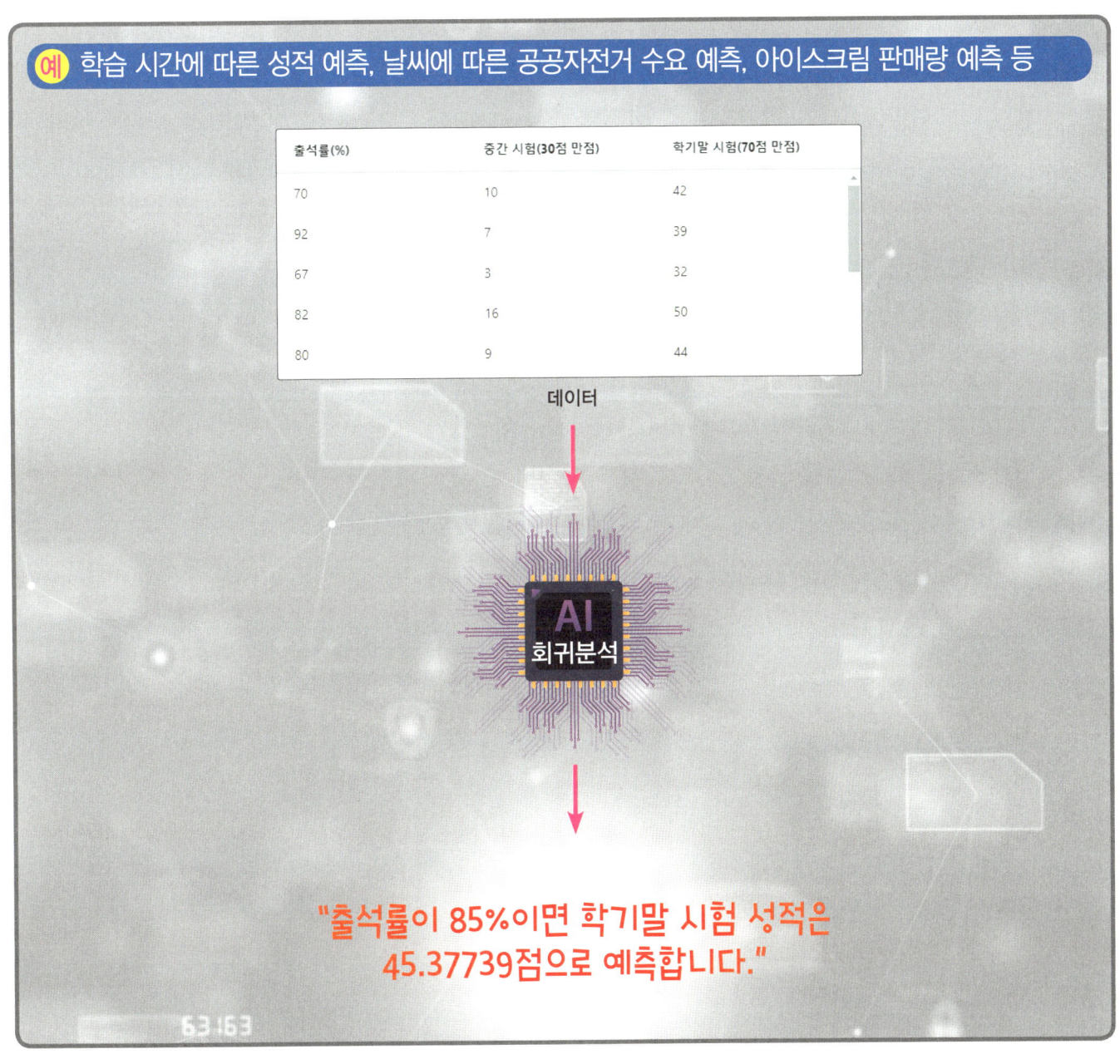

예) 학습 시간에 따른 성적 예측, 날씨에 따른 공공자전거 수요 예측, 아이스크림 판매량 예측 등

출석률(%)	중간 시험(30점 만점)	학기말 시험(70점 만점)
70	10	42
92	7	39
67	3	32
82	16	50
80	9	44

데이터

AI 회귀분석

"출석률이 85%이면 학기말 시험 성적은 45.37739점으로 예측합니다."

③ 군집화

'군집화' 는 비지도학습에서 사용되는 문제 해결 방법으로 정답(레이블)이 주어지지 않고 데이터의 특징을 분석하여 유사한 데이터끼리 군집을 생성하는 학습 방법입니다. 예를 들어 영화를 특정 범주에 따라 군집화 하여 고객이 한 영화를 시청했을 때 유사한 취향의 영화를 노출시키는 추천 시스템 같은 것이 대표적입니다. 또한 의학 분야에서 임상시험 결과에 따른 결과를 군집화하여 특정 증상을 보이는 환자 그룹을 찾아내어 병을 진단하는 데 활용되기도 합니다.

> **예** 영상 추천 시스템, 쇼핑 추천 시스템, 임상 실험에 의한 증상 별 군집화

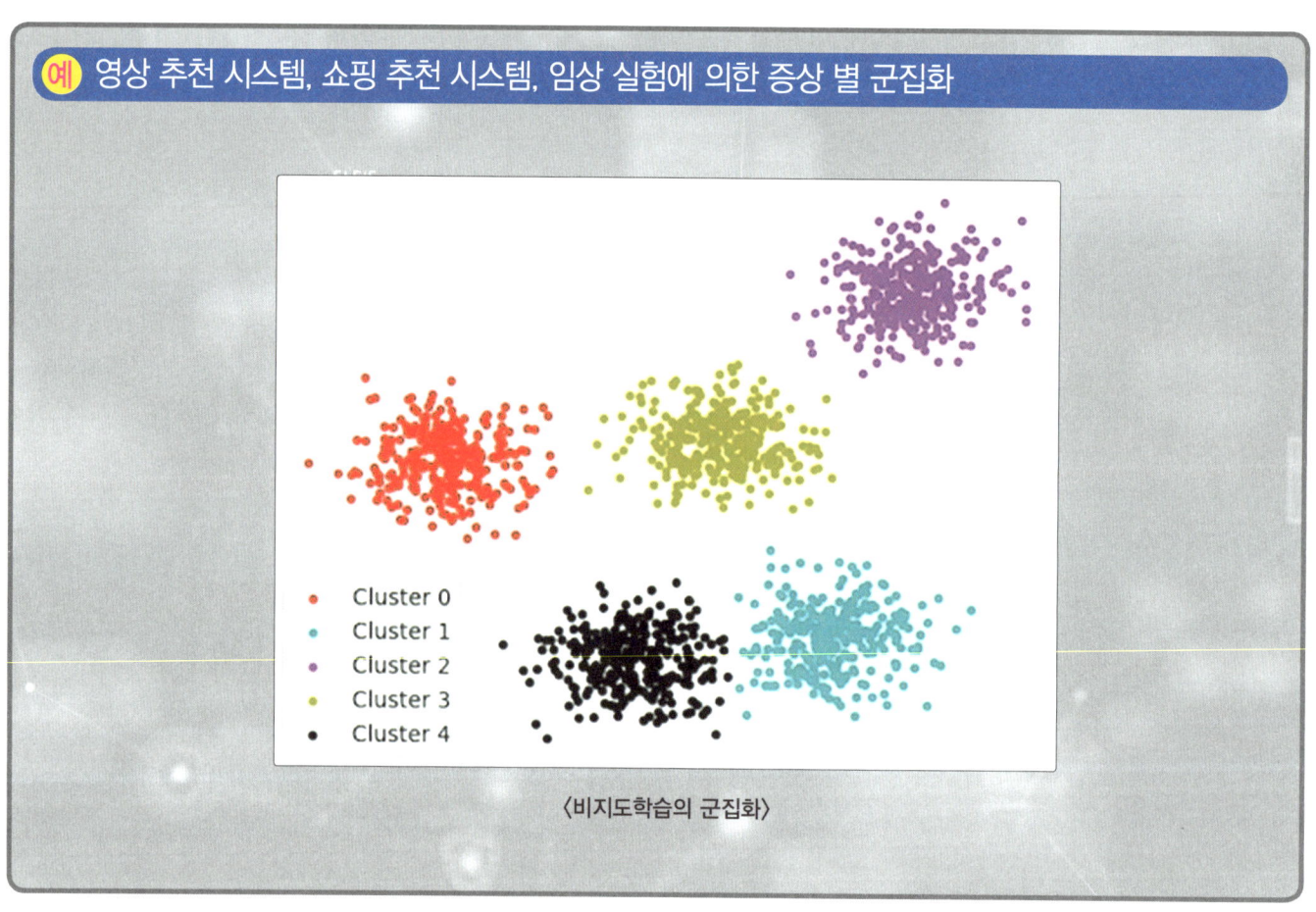

〈비지도학습의 군집화〉

제1장 인공지능 이론

4. 인공지능의 사회적 영향

1. 인공지능 윤리

인공지능 기술이 발달하면서 인간의 선택이 아닌 인공지능의 선택에 대한 윤리 문제가 부각되고 있습니다. 그 대표적인 사례가 '자율 주행 자동차와 트롤리의 딜레마'입니다. 트롤리의 딜레마는 20세기 윤리학의 주제로 다뤄지다가 최근에 자율 주행 자동차 문제와 더불어 MIT 대학에서 조사한 결과가 화제가 되면서 인공지능 시대의 윤리 문제로 떠올랐습니다.

① 트롤리의 딜레마

언덕 위에서 브레이크가 고장난 트롤리(탄광에서 사용하는 철로 위를 달리는 수레)가 내려오고 있습니다. 앞쪽 철로 위에는 다섯 명의 인부가 있고 그 옆 철로에는 한 명이 있습니다. 그냥 놓아두면 트롤리는 다섯 명의 인부를 죽게 할 것입니다. 만약 스위치를 당기면 한 명만 죽게 됩니다. 다섯 명을 살리기 위해서 한 명을 죽게 하는 것이 도덕적일까요?

이 문제는 다섯 명과 한 명 인부의 나이와 성별을 바꾸어 가며 여러 번 연구를 하였고 무엇이 옳은지에 대해 많은 학자들 사이의 의견이 엇갈렸던 문제입니다.

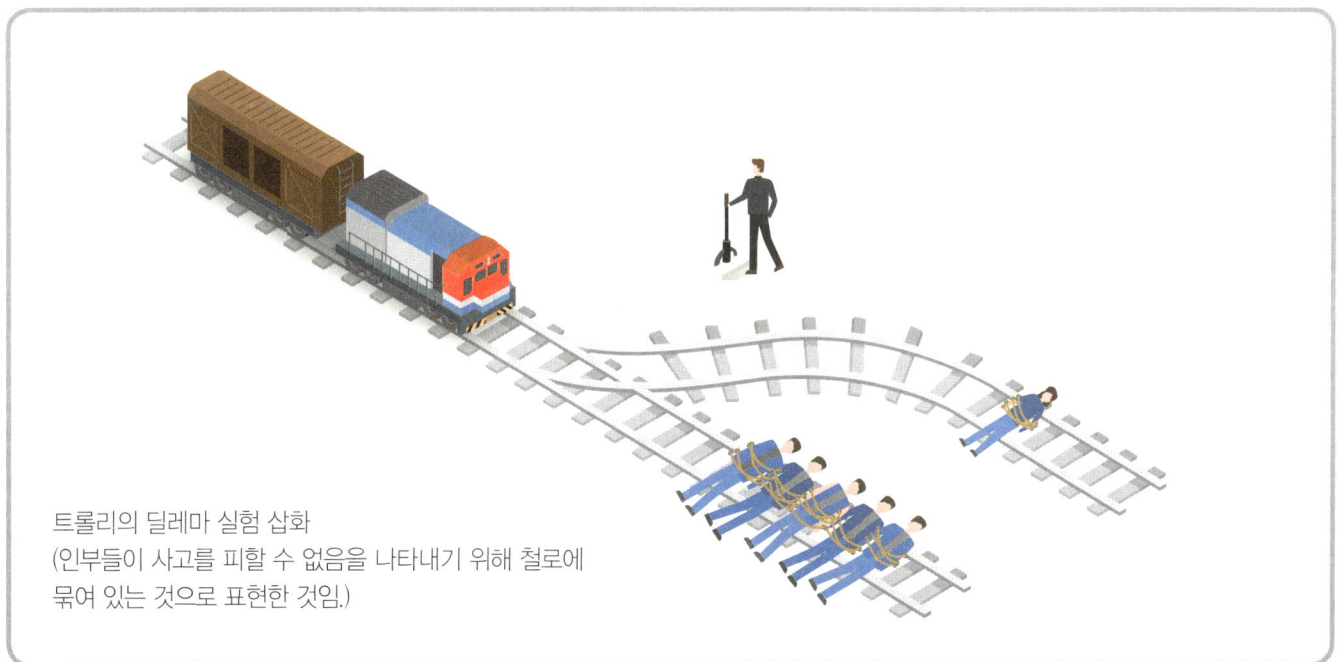

트롤리의 딜레마 실험 삽화
(인부들이 사고를 피할 수 없음을 나타내기 위해 철로에 묶여 있는 것으로 표현한 것임.)

AICE FUTURE 학습하기

② 자율 주행 자동차와 트롤리의 딜레마

차선 위에는 어린 아이와 할머니가 있습니다. 어린 아이는 기저귀를 찬 채 잘 걷지도 못하는 아기이고 할머니는 지팡이를 짚고 거동이 불편합니다. 이때 다가오는 자율 주행 자동차는 두 명 중 한 명과 부딪힐 수밖에 없습니다. 과연 인공지능이 어떤 선택을 하도록 학습을 시켜야 할까요?

미국 MIT 대학은 2018년 233개 국가에서 조사한 결과를 발표했습니다. 4000만 건의 데이터를 분석한 결과 일본, 대만 등의 유교권 국가들은 노인을 살려야 한다는 응답이 많았고, 프랑스, 캐나다 등 서양 국가들은 아이를 살려야 한다는 의견이 많았다고 합니다.

이 실험은 자율 주행 자동차가 성공하기 위해서는 인공지능 기술 뿐만 아니라 윤리적인 문제까지 고려되어야 한다는 것을 보여 주고 있습니다.

Why Self-Driving Cars Must be Programmed to Kill?
〈MIT Technology Review〉

사례 A
직진을 할 경우 10명의 보행자를 치게 되고, 방향을 돌리면 1명을 치게 됨

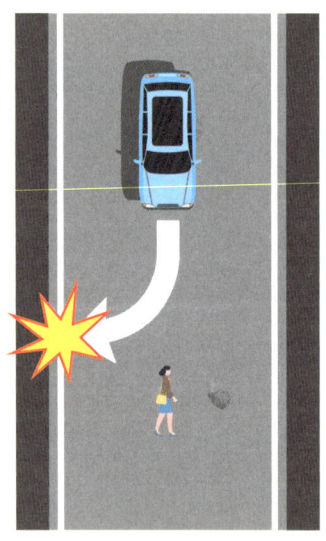

사례 B
직진을 할 경우 1명의 보행자를 치게 되고, 방향을 돌리면 탑승자가 위험

사례 C
직진을 할 경우 10명의 보행자를 치게 되고, 방향을 돌리면 탑승자가 위험

2. 인공지능과 우리의 미래

"다음 주 할머니 생신인데, 무슨 선물을 해 드려야 할까? 할머니께서는 70세이고 할아버지와 함께 지방 도시에서 한식 식당을 운영하셔."라고 ChatGPT에게 물어보았더니 적당한 선물 목록을 알려 줍니다. 다시 "할머니께 뭐라고 축하 말씀을 드릴까?"라고 물어보았더니 또다시 축하 메시지를 보내는 방법과 내용까지 알려 줍니다.

> 다음 주 할머니 생신인데, 무슨 선물을 해 드려야 할까? 할머니께서는 70세이고 할아버지와 함께 지방 도시에서 한식 식당을 운영하셔.

다음 주 할머니 생신 축하드립니다! 할머니께서 70세이고 할아버지와 함께 지방 도시에서 한식 식당을 운영하시는군요. 할머니께 드릴 수 있는 선물은 다양하지만, 할머니의 취향과 성격을 고려하여 선택하는 것이 좋습니다. 예를 들어, 할머니께서 요리를 좋아하신다면 요리용품이나 식재료를 선물할 수 있습니다. 또 할머니께서 편안한 것을 좋아하신다면 편안한 옷이나 신발을 선물할 수 있습니다. 또한, 할머니께서 건강을 중요하게 생각하신다면 건강식품이나 건강기구를 선물할 수 있습니다.

다음은 할머니께 드릴 수 있는 선물의 몇 가지 아이디어입니다.

- **요리용품**: 냄비, 프라이팬, 칼, 도마, 조리기구, 식기류, 주방용품 등
- **편안한 옷**: 옷, 신발, 모자, 장갑, 양말 등
- **식재료**: 고기, 생선, 야채, 과일, 곡물, 향신료
- **건강식품**: 비타민, 미네랄, 건강보조식품 등
- **건강기구**: 워커, 스테퍼, 헬스기구 등

어떤 선물을 선택하든 할머니께서 좋아해 주실 것입니다. 할머니의 생신을 축하드리며, 행복한 하루 보내시길 바랍니다.

〈ChatGPT가 알려 준 할머니 선물 목록〉

ChatGPT

ChatGPT는 방대한 양의 텍스트 데이터를 학습하여 인간과 같이 텍스트를 생성하고, 언어를 번역하고, 다양한 종류의 창의적인 콘텐츠를 작성할 수 있습니다. 이러한 능력을 바탕으로 우리의 질문에 대하여 적절한 방식으로 답변합니다. 그러나 ChatGPT는 AI가 알아서 모든 대답을 해 주므로 학생들의 학습에 방해가 될 수 있으며 잘못된 지식이 전달될 수 있습니다. 따라서 우리는 이러한 AI 기능을 선택적으로 사용하여야 합니다. ChatGPT를 운영하는 회사(OpenAI)에서는 만 18세 이상 사용, 13세 이상의 학생은 성인의 지도 아래 사용하는 것을 원칙으로 하고 있습니다.

AICE FUTURE 학습하기

3. 인공지능 시대의 직업

처음 자동차의 크루즈 운행 장치를 이용하여 가속 페달을 밟지 않고 고속도로에서 운전을 했을 때, 사람들은 참 신기하다고 생각했습니다. 그런데 지금은 자동차가 스스로 차선을 구분하고 앞 차와의 거리도 조절하며 운행을 합니다. 얼마 지나지 않아 내비게이션에 목적지만 입력을 하면 자율 주행 자동차가 스스로 운전을 해서 우리를 목적지까지 데려다 주는 기술이 실생활에 나타날 것입니다.

인공지능은 우리 일상 생활의 깊은 곳까지 와 있으며, 앞으로는 더욱 빨리 발전할 것입니다. 이러한 세상에 우리는 어떻게 대처해야 할까요? 인공지능 시대를 맞이하여 우리는 인공지능을 잘 알아야 하는 것은 물론 인공지능을 어떻게 활용할 수 있을지 생각해 보고 우리의 미래를 설계하여야 할 것입니다.

인공지능 전문가

인공지능 전문가는 인간의 특징을 이해하고, 이를 바탕으로 컴퓨터와 로봇 등이 인간처럼 생각하고 결정할 수 있도록 하는 기술을 개발합니다.

소프트웨어 개발자

소프트웨어 개발자는 컴퓨터 및 각종 전자기기의 작동, 제어 및 관리에 필요한 소프트웨어 또는 어플리케이션을 연구·설계·개발합니다.

빅데이터 전문가

빅데이터 전문가는 빅데이터를 관리하고 분석하여 사람들의 행동이나 시장을 예측하며 이는 기업의 마케팅, 경제, 의료, 교육 등 다양한 분야에서 활용됩니다.

로봇 공학자

로봇 공학자는 로봇을 개발하기 위한 인공지능, 센서, 소프트웨어, 하드웨어 등의 기술을 연구하여 각 분야에서 활용할 수 있는 로봇을 만드는 일을 합니다.

〈인공지능 시대의 미래형 직업〉

실전 문제

1. 2010년 이후에 인공지능 기술이 크게 발전하게 된 환경으로 적당하지 <u>않은</u> 것은 무엇인가요? (   )

① 컴퓨터 기술의 발달　　　② 인터넷의 확산
③ 데이터의 폭발적 증가　　④ 전문가 시스템의 등장

2. 인공지능 기술이 획기적으로 발달하게 된 하드웨어 측면의 계기는 무엇인가요? (   )

① GPU(Graphic Processing Unit, 그래픽 처리장치)가 컴퓨터 게임에서 그래픽 처리를 하게 되었습니다.
② GPU(Graphic Processing Unit, 그래픽 처리장치)가 인공지능 컴퓨터의 핵심 부품으로 사용되기 시작했습니다.
③ CPU(Central Processing Unit, 중앙 처리장치)가 인공지능 컴퓨터의 핵심 부품으로 사용되기 시작했습니다.
④ 인공지능 기술이 발달하면서 메모리의 양과 관계 없이 처리 속도가 빨라졌습니다.

3. 다음 중 빅데이터에 대한 설명으로 적당하지 <u>않은</u> 것은 무엇인가요? (   )

① 빅데이터란 방대한 데이터로부터 결과를 분석하고 가치를 찾아내는 기술을 말합니다.
② 빅데이터의 등장은 인공지능 기술 발달의 중요한 계기가 되었습니다.
③ 빅데이터의 특징은 주로 규모(Volume), 속도(Velocity), 다양성(Variety)의 3V로 정의합니다.
④ 데이터의 양만 많으면 모두 빅데이터라고 할 수 있습니다.

실전 문제

4. 다음 중 데이터에 대한 설명으로 적절하지 <u>않은</u> 것은 무엇인가요? (   )

① 데이터를 가공하여 우리에게 필요한 여러 가지 정보를 생성할 수 있습니다.
② 데이터란 현실이 아닌 가상의 세계에서 측정하고 수집할 수 있습니다.
③ 인공지능은 학습한 데이터를 기반으로 판단하고 역할을 수행합니다.
④ 인공지능에 있어 데이터는 사람의 지식과 경험에 해당한다고 할 수 있습니다.

5. 다음 중 데이터의 속성에 대한 설명으로 적절하지 <u>않은</u> 것은 무엇인가요?
(   )

① 문제 해결을 위해 필요한 데이터를 찾아야 하는 경우 굳이 데이터의 속성 (Attribute) 까지 살펴볼 필요는 없습니다.
② 데이터의 속성 (Attribute)은 데이터를 구분하는 중요 정보가 되며 생활 속에서 속성 값에 따라 다르게 행동하는 경우가 많습니다.
③ 데이터의 속성 (Attribute)이란 사물이나 개념이 어떤 것인지 나타내고 그것이 다른 것과 구별할 수 있는 성질을 말합니다.
④ 학생 별 성적이라는 데이터가 있으면 각 학생의 국어, 영어, 수학 점수는 각 학생 별로 구분되는 속성 (Attribute)입니다.

6. 인공지능 모델링을 위한 데이터 수집 방법에 대해 가장 잘 설명한 친구는 누구인가요? (   )

① 진수: 공공데이터 포털, 서울 열린데이터 광장에서 수집한 데이터는 정확하지 않으므로 활용 가치가 없습니다.
② 영호: 개인이나 민간 기관이 수집하여 제공하는 민간 데이터는 신뢰할 수 없어 활용하지 않습니다.
③ 수진: 이미지, 소리, 텍스트, 수치 데이터 등 어떤 유형의 데이터가 필요한지 잘 판단하여 수집합니다.
④ 세라: 다른 값에 비해 범위가 많이 벗어난 값(이상치)도 반드시 포함하여 분석합니다.

실전 문제

7. 나이팅게일의 데이터 시각화에 대한 설명으로 맞지 <u>않은</u> 것은 무엇인가요?
( )

① 나이팅게일은 병사들이 전쟁 중 부상보다는 병원의 위생 문제로 더 많이 사망한다는 것을 알았습니다.
② 나이팅게일은 야전 병원에서 병사들의 사망 원인을 분석한 후 그래프를 그려 상부에 보고하였습니다.
③ 나이팅게일의 그래프를 본 당국에서는 그 내용이 너무 복잡해서 쉽게 이해할 수 없었습니다.
④ 나이팅게일이 당국자들을 설득하여 야전 병원의 환경을 개선할 수 있었던 것은 데이터를 잘 시각화한 덕분이기도 합니다.

8. 다음 중 머신러닝에 대한 설명으로 <u>잘못된</u> 것은 무엇인가요? ( )

① 머신러닝이란 기계(컴퓨터)가 사람처럼 학습을 하는 것입니다.
② 머신러닝은 인공지능 기술 중의 한 분야입니다.
③ 머신러닝 기술이 등장하면서 딥러닝 기술은 크게 발전하였습니다.
④ 인공지능에 있어서의 학습이란 기계(컴퓨터)가 제 역할을 하기 위하여 성능을 개선하거나 새로운 지식을 습득하는 과정입니다.

9. 딥러닝에 대해 <u>잘못</u> 설명하고 있는 친구는 누구인가요? ( )

① 영호: 딥러닝은 머신러닝의 한 분야라고 할 수 있지.
② 미진: 인공지능에서 머신러닝이 도입되었으나 크게 발전하지 못하다가 딥러닝 개념이 등장하면서 많은 성과를 이루게 되었어.
③ 수아: 딥러닝은 인간의 인공 신경망을 연구해서 데이터 학습 기술을 개발한 거야.
④ 윤아: 딥러닝은 컴퓨터에 개와 고양이에 대한 눈 크기, 털 길이, 색깔 등 다양한 데이터를 반드시 주어야 학습이 가능해.

실전 문제

10. 인공지능의 학습 방법 중 지도학습에 대한 설명으로 잘못된 것은 무엇인가요? (   )

① 인간이 운동을 배울 때, 코치의 지도 아래 체계적으로 배우듯이 문제와 답을 준 다음 학습시키는 방법입니다.
② 하나의 레이블에 한 종류의 많은 데이터를 주고 학습시켜야 합니다.
③ 예를 들어 수많은 강아지 사진을 주고 '그것은 강아지'라고 학습시키는 방법입니다
④ 동물의 종 분류, 의류의 종류 분류 등에 사용될 수 있습니다.

11. 인공지능의 학습 방법 중 비지도학습에 대한 설명으로 잘못된 것은 무엇인가요? (   )

① 인간이 운동을 배울 때, 코치의 지도 없이 혼자 익히는 것처럼 정답 데이터 없이 스스로 학습하는 방법입니다.
② 데이터의 구조나 패턴을 분류하여 학습하는 분류에 의한 문제 해결 방법 중 하나입니다.
③ 활용 사례로 영상 추천 시스템, 쇼핑 추천 시스템 등이 있습니다.
④ 대표적인 유형으로 데이터의 특징을 분석하여 유사한 데이터끼리 군집을 생성하는 군집화가 있습니다.

12. 인공지능의 올바른 미래에 대한 설명으로 적절하지 않은 것은 무엇인가요? (   )

① 인간이 인공지능 기술을 개발하고 사용할 때에도 윤리적인 문제를 잘 고려하여야 합니다.
② 자율주행 자동차를 인공지능이 잘 제어하더라도 윤리적인 문제까지 고려하여야 합니다.
③ ChatGPT 같이 질문에 답을 해 주는 AI가 등장하여 우리는 더 이상 글쓰기 공부를 할 필요가 없습니다.
④ 인공지능 시대를 맞이하여 우리는 인공지능을 어떻게 활용할 수 있는지 생각하며 우리의 미래를 설계하여야 할 것입니다.

AICE FUTURE 학습하기

제2장

AI 학습을 위한 기본 코딩

1. 각종 코딩 블록
2. 반복 블록 활용

제2장 AI 학습을 위한 기본 코딩

1. 각종 코딩 블록

1. 이벤트 코딩 블록

이벤트는 "사건, 어떤 일"이라는 뜻입니다. 핸드폰에서 우리가 하는 동작들을 예로 들면 '전원을 켠다', '화면을 터치한다', '화면을 드래그한다', '볼륨 버튼을 누른다' 등 어떤 새로운 사건이 일어나게 하기 위한 모든 작동이 이벤트에 속합니다.

KT AI Codiny에는 다양한 시점에 사건이 발생하도록, 즉 코드가 실행될 수 있도록 이벤트 카테고리에 키보드, 마우스, 신호, 장면과 관련된 다양한 시작 명령 블록들이 모여 있습니다.

마우스 클릭 이벤트 명령 블록

블록	설명
마우스를 클릭했을 때	실행 화면을 마우스로 클릭할 때 프로그램이 실행되는 이벤트 코딩 블록입니다.
마우스 클릭을 해제했을 때	실행 화면에서 마우스를 클릭한 후 마우스에서 손을 떼어 클릭을 해제할 때 프로그램이 실행되는 이벤트 코딩 블록입니다.

제2장 AI 학습을 위한 기본 코딩

✅ 아래와 같이 코딩하고 프로그램을 실행해 보세요. 실행 화면을 클릭하고 해제하기를 반복했을 때 코디니가 어떻게 변하나요?

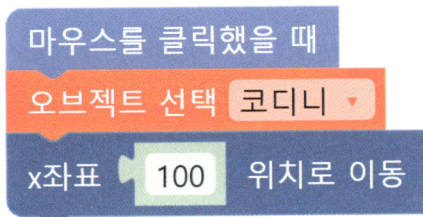
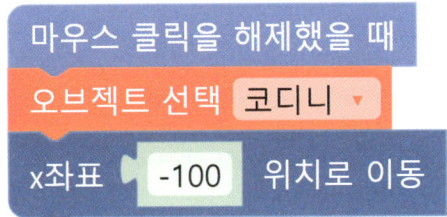

 주의: 반드시 커서가 실행 화면에 위치한 상태에서 마우스를 작동하여야 합니다.

✅ 마우스를 클릭하면 낮 배경이, 클릭을 해제하면 밤 배경이 나오도록 코딩해 보세요.

AICE FUTURE 학습하기

오브젝트 클릭 이벤트 명령 블록

블록	설명
코디니 오브젝트를 클릭했을 때	코디니 오브젝트를 마우스로 클릭했을 때 프로그램이 시작되는 이벤트 명령 블록입니다.
코디니 오브젝트 클릭을 해제했을 때	코디니 오브젝트를 마우스로 클릭한 후 마우스에서 손을 떼어 클릭을 해제할 때 프로그램이 시작되는 이벤트 명령 블록입니다.

☑ 아래와 같이 코딩하고 프로그램을 실행해 보세요. 이번에는 코디니 오브젝트를 클릭해 보세요. 코디니가 어떻게 변하나요?

☑ 아래 그림과 같이 오브젝트를 불러오고 오브젝트를 클릭했을 때, 해당 동물의 울음소리가 나도록 코딩해 보세요.

제2장 AI 학습을 위한 기본 코딩

신호 보내기 명령 블록

오브젝트가 작동하면서 동시에 다른 오브젝트를 제어하기 위해서는 '신호 보내기 이벤트 명령 블록'을 사용합니다. '신호 보내기 명령 블록'은 이벤트 카테고리에 `신호없음 ▼ 신호 보내기` 와 같은 모양으로 들어 있습니다.

☑ 신호 만들기

☑ 신호를 추가해서 만들면 `신호없음 ▼ 신호 보내기` 블록에서 추가한 해당 신호를 선택하여 사용할 수 있습니다.

AICE FUTURE 학습하기

☑ **아래와 같이 실행 화면을 꾸미고 코딩해 보세요. 오브젝트들이 어떻게 움직이나요?**

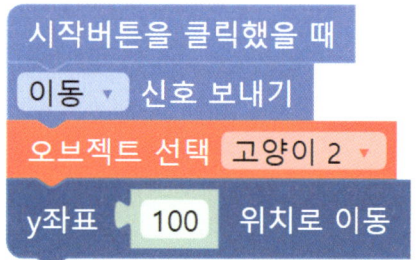

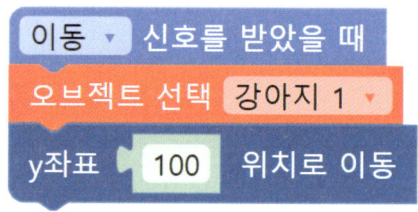

> **Tip** 위 코드의 실행되는 순서는 아래와 같습니다. 신호 보내기는 신호를 보낸 후 신호를 받은 쪽의 동작 여부와 상관없이 다음 코드를 실행합니다.
>
>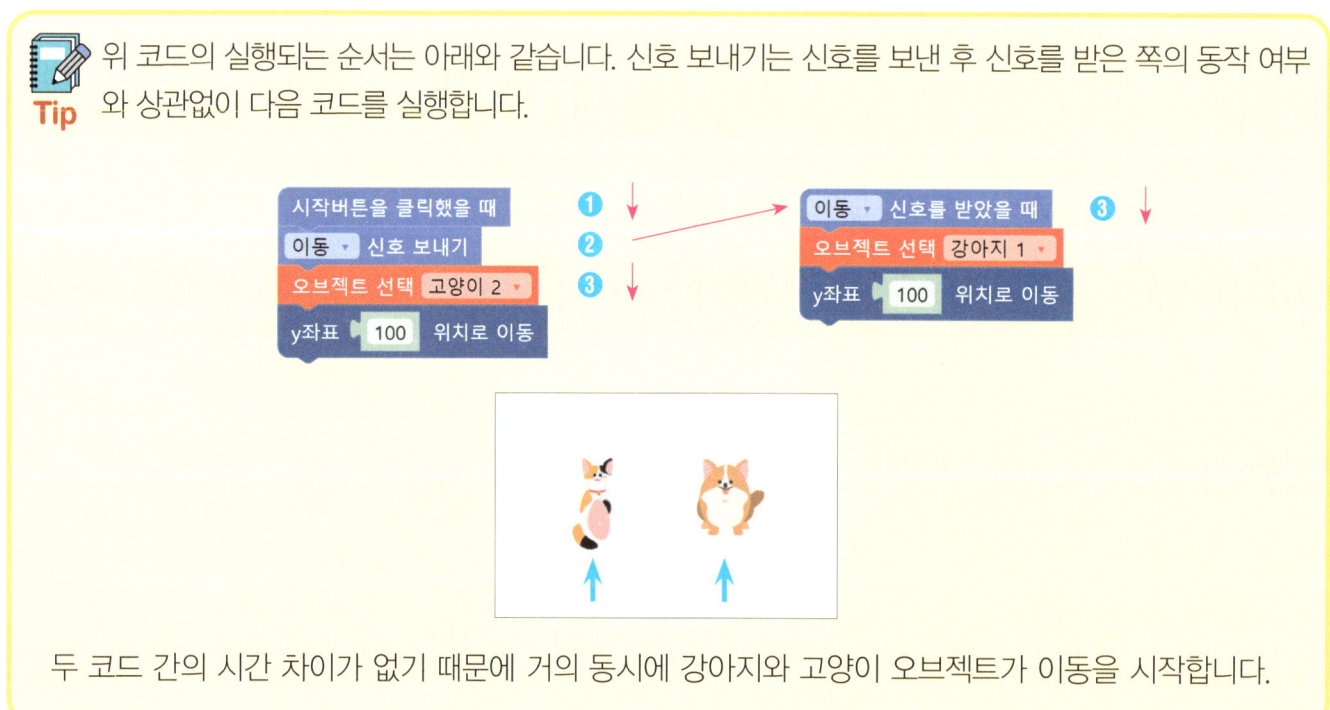
>
> 두 코드 간의 시간 차이가 없기 때문에 거의 동시에 강아지와 고양이 오브젝트가 이동을 시작합니다.

신호 보내고 기다리기

☑ 이번에는 '신호 보내기' 대신에 '신호 보내고 기다리기'를 사용해 보세요. 그리고 어떤 점이 다른지 확인해 보세요.

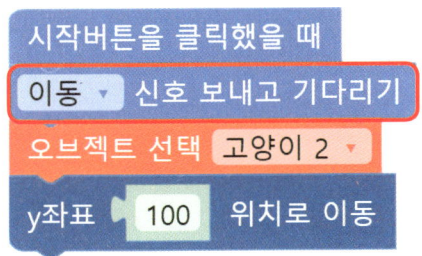 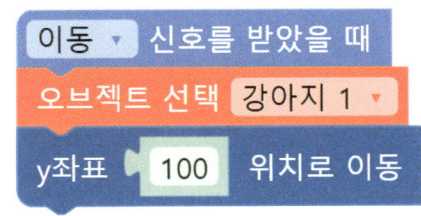

 위 코드의 실행되는 순서는 아래와 같습니다. '신호 보내고 기다리기'는 신호를 받은 쪽의 코드가 다 끝나야 다음 코드를 실행합니다.

Tip

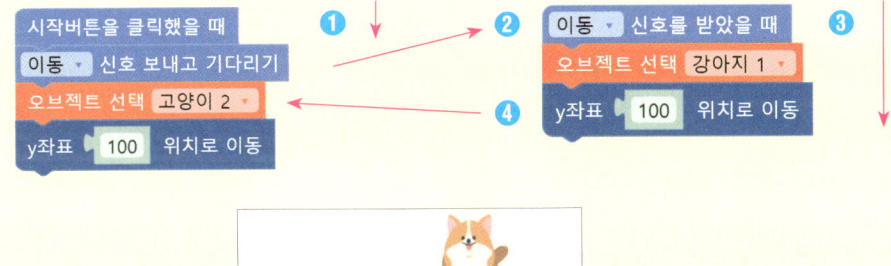

신호를 받은 강아지 오브젝트의 모든 코드가 끝날 때까지 고양이 오브젝트를 움직이는 코드는 실행되지 않고 기다립니다.

AICE FUTURE 학습하기

2. 흐름 코딩 블록

특수한 용도의 프로그램을 제외하고 대부분의 프로그램은 '시작 ➡ 처리 ➡ 종료'의 기본 구조를 가지고 있습니다. 우리가 만드는 프로그램 또한 이러한 구조를 가지며 처리 단계에서 필요에 따라 코드를 분기하거나 반복해야 할 수 있습니다.

흐름 카테고리에는 처리 단계에서 사용할 수 있는 조건, 반복 그리고 이를 수행하기 위한 판단 명령 블록들이 들어 있습니다.

멈추기

블록	설명
멈추기 1 초	멈추기 블록은 입력한 밀리초, 초, 분에 해당하는 시간 동안 명령 블록의 실행을 멈추고 대기합니다. ※밀리초: 시간의 단위로 1000분의 1초

☑ 강아지 오브젝트가 이동 방향으로 10만큼 움직이고 1초 쉬고 다시 움직이는 동작을 10회 실시하도록 코딩해 봅시다. 강아지 오브젝트를 불러오고 아래와 같이 코딩해 보세요.

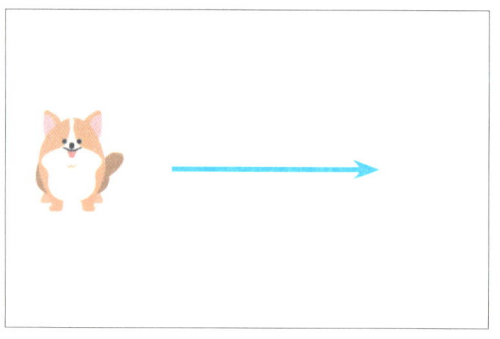
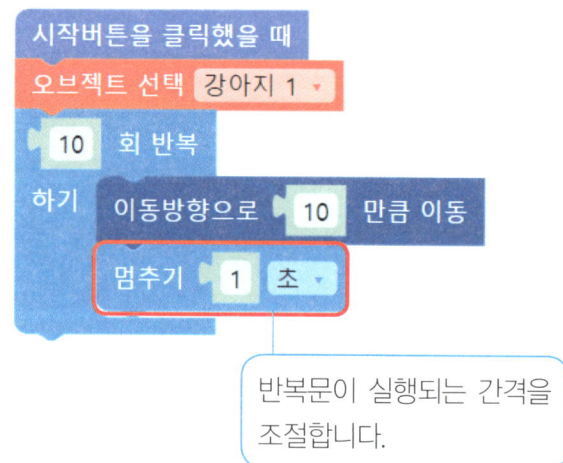

반복문이 실행되는 간격을 조절합니다.

반복 중단

블록	설명
반복 중단	이 블록은 반복문 안에서만 사용할 수 있으며 반복문 실행을 중단시키거나 반복 도중 다음 반복으로 넘어가는 동작을 수행합니다.

☑ 강아지 오브젝트가 조금씩 커지다가 두 배로 커지면 종료되는 프로그램을 만들어 봅시다. 강아지 오브젝트를 불러오고 아래와 같이 코딩해 보세요.

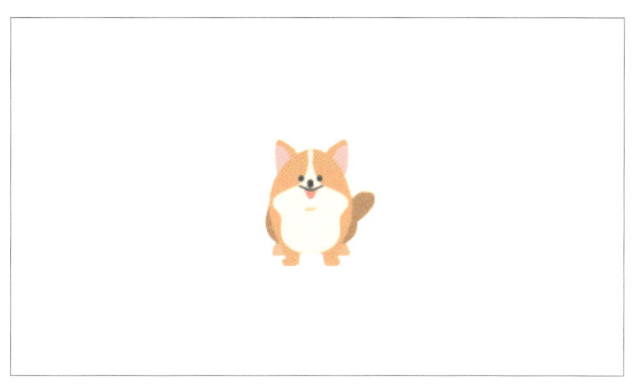

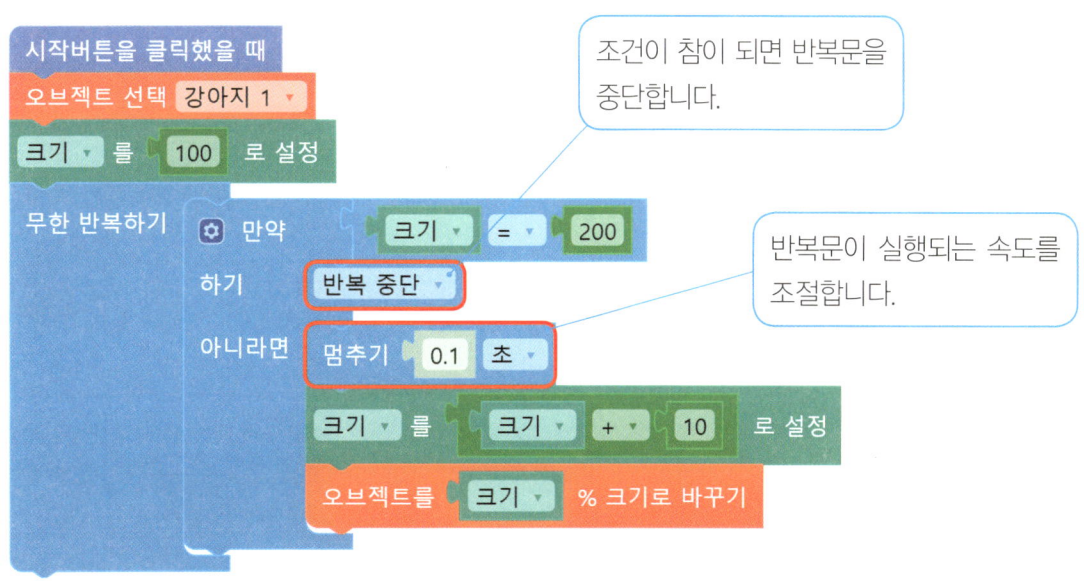

조건이 참이 되면 반복문을 중단합니다.

반복문이 실행되는 속도를 조절합니다.

AICE FUTURE 학습하기

코드 멈추기

블록	설명
자신의 코드 멈추기	이 블록이 포함되어 있는 코드의 실행을 멈춥니다.
다른 코드 멈추기	이 블록이 포함되어 있는 코드를 제외한 다른 코드의 실행을 멈춥니다.
모든 코드 멈추기	모든 코드의 실행을 멈춥니다.

☑ 오브젝트들이 제자리에서 회전하다가 마우스 포인터에 닿으면 멈추는 프로그램을 만들어 봅시다. 아래와 같이 화면을 꾸미고 코딩해 보세요.

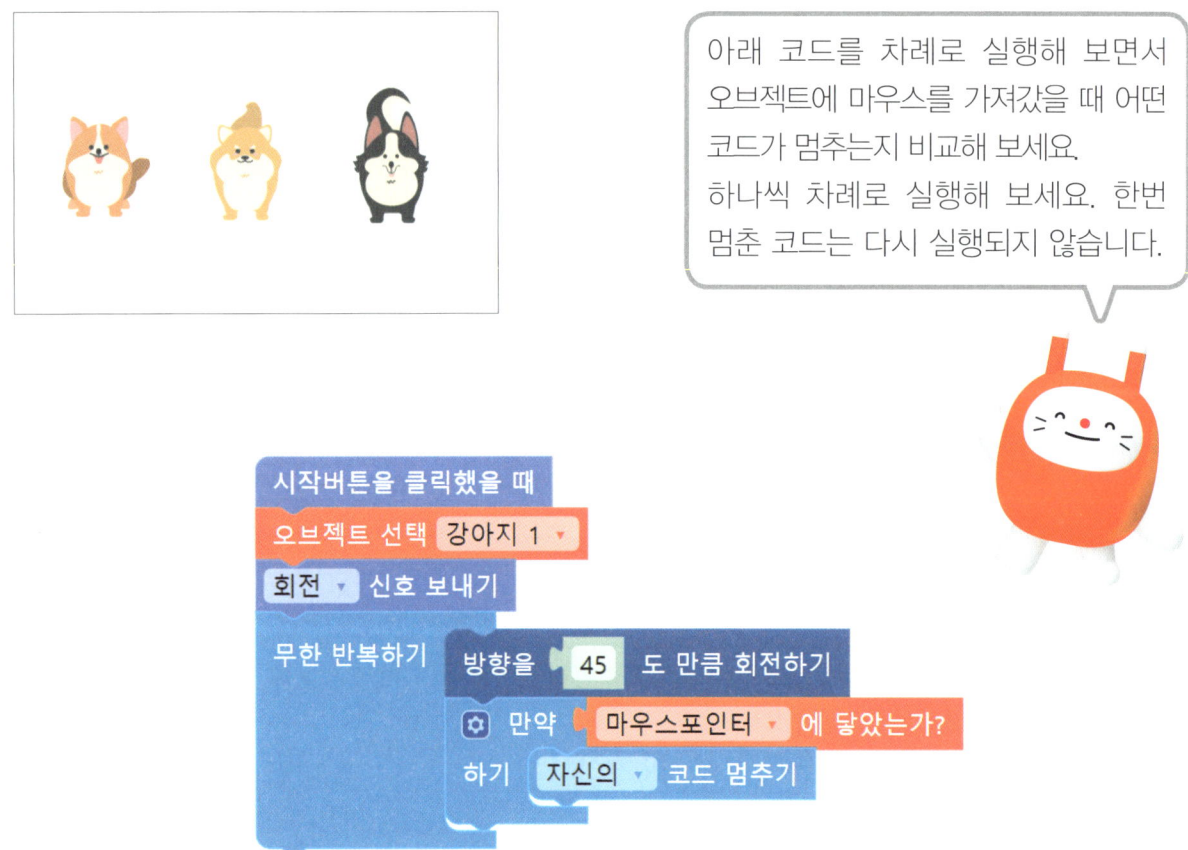

아래 코드를 차례로 실행해 보면서 오브젝트에 마우스를 가져갔을 때 어떤 코드가 멈추는지 비교해 보세요.
하나씩 차례로 실행해 보세요. 한번 멈춘 코드는 다시 실행되지 않습니다.

제2장 AI 학습을 위한 기본 코딩

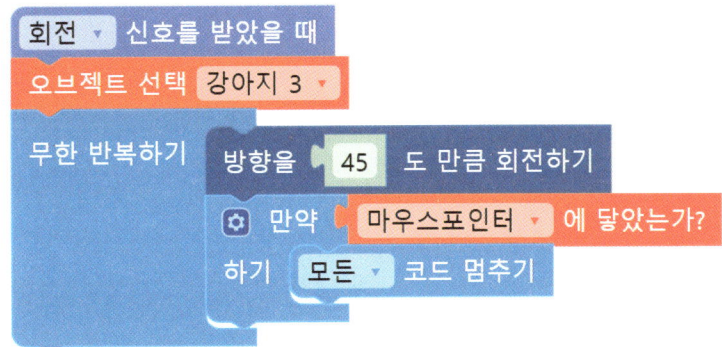

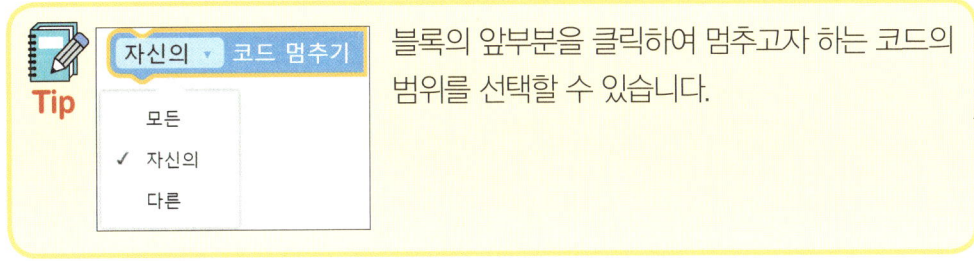

Tip: 블록의 앞부분을 클릭하여 멈추고자 하는 코드의 범위를 선택할 수 있습니다.

강아지 1 오브젝트에 마우스 포인터가 닿았다면 멈추는 오브젝트는 무엇인가요?

강아지 2 오브젝트에 마우스 포인터가 닿았다면 멈추는 오브젝트는 무엇인가요?

강아지 3 오브젝트에 마우스 포인터가 닿았다면 멈추는 오브젝트는 무엇인가요?

AICE FUTURE 학습하기

논리형 데이터

C 언어, Python과 같은 텍스트 프로그래밍 언어에서는 명제[1]가 맞으면 true, 틀리면 false라고 표현합니다. KT AI Codiny에서도 채팅창을 통해 논리 값을 확인해 볼 수 있으며 우리말을 사용하여 true를 "참", false를 "거짓"으로 표현합니다.

블록	설명
참	"1은 10 보다 작다", "제주도에는 한라산이 있다" 와 같이 주어진 명제가 "맞다"는 뜻으로 관계, 논리 연산에서 사용됩니다.
거짓	"1은 10보다 크다", "제주도에는 설악산이 있다."와 같이 명제가 "틀렸다"를 의미하며 관계, 논리 연산에서 사용됩니다.
가 아닙니다	부정을 뜻하는 연산자로 입력 논리 값이 참이면 거짓을, 거짓이면 참을 반환합니다.

☑ 다음과 같이 코딩하고 실행해 보세요. 숫자를 말하면 채팅창에 어떻게 나타나나요?

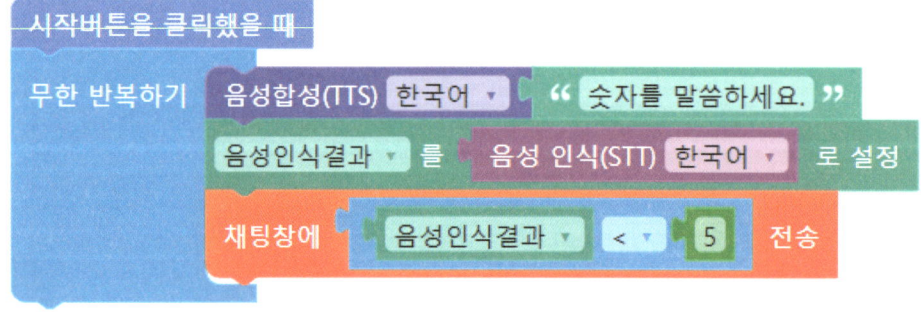

---

1) **명제**: 내용이 참인지 거짓인지 명확하게 판별할 수 있는 문장이나 식

숫자 3을 말하면 `음성인식결과 < 5` 이 참이 되므로 채팅창에 true로 표시됩니다.

숫자 8을 말하면 `입력 숫자 < 5` 이 거짓이 되므로 채팅창에 false로 표시됩니다.

☑ **알림창에 숫자를 입력하면 '그 숫자가 5보다 작다'가 참인지 거짓인지를 구분하여 알려 주는 코드를 작성해 보세요.**

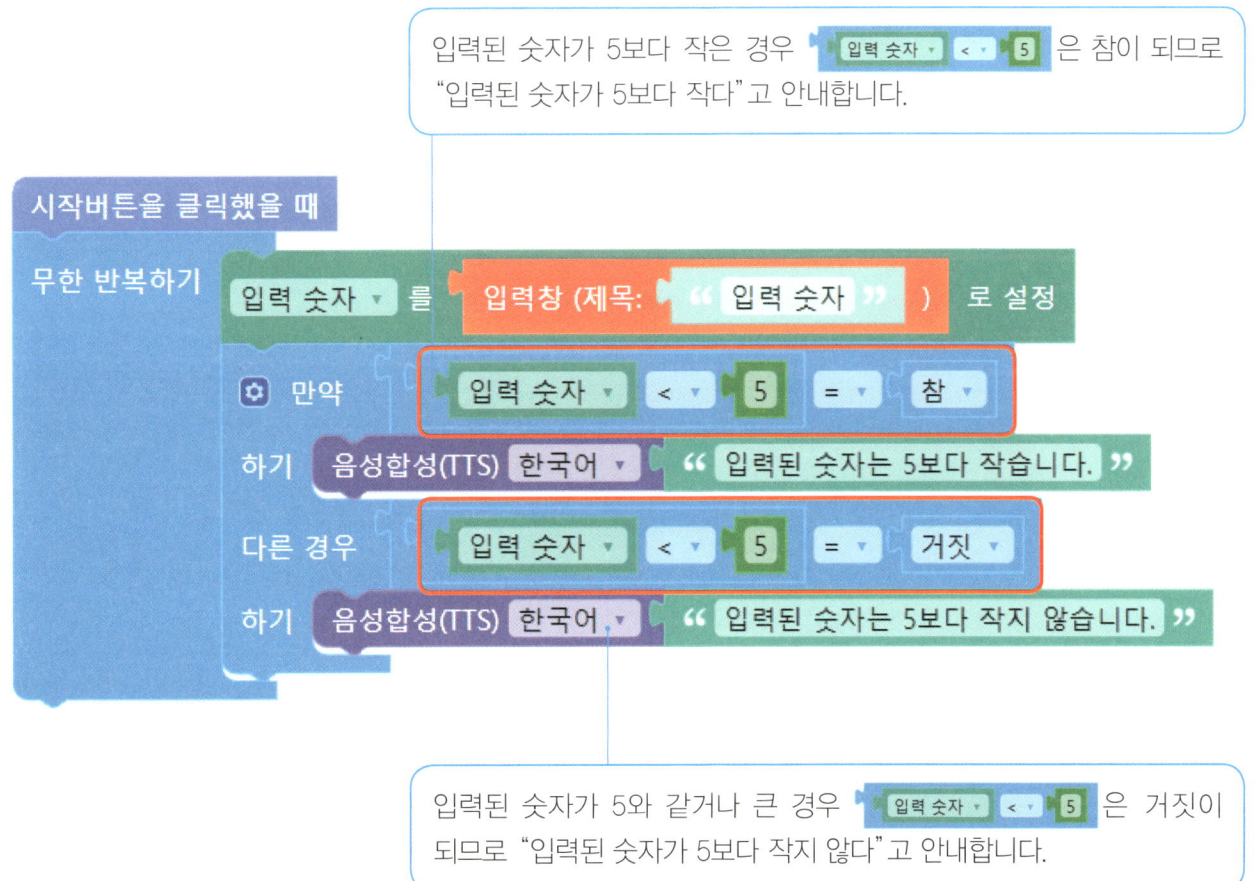

입력된 숫자가 5보다 작은 경우 `입력 숫자 < 5` 은 참이 되므로 "입력된 숫자가 5보다 작다"고 안내합니다.

입력된 숫자가 5와 같거나 큰 경우 `입력 숫자 < 5` 은 거짓이 되므로 "입력된 숫자가 5보다 작지 않다"고 안내합니다.

AICE FUTURE 학습하기

3. 변수 코딩 블록

KT AI Codiny의 변수 카테고리에는 변수와 관련된 명령 블록뿐만 아니라 리스트나 문자열을 다룰 때 많이 사용되는 명령 블록들이 위치하고 있습니다. 변수 카테고리의 유틸리티 블록을 이용하면 특정 문자의 위치를 찾거나 긴 문자열 중에서 정확히 내가 원하는 문자만 골라 추출하는 등 문자열 데이터를 쉽게 다룰 수 있습니다.

문장에서 특정한 글자 선택하기

☑ 과일가게에서 점원이 과일 가격을 알려 주고 있습니다. 점원이 말한 문자열에서 과일 가격만 추출해 낼 수 있도록 코딩해 보세요.

안내 문자열 중 1~4번째 글자만 추출합니다.

제2장 AI 학습을 위한 기본 코딩

Tip

KT AI Codiny에서 사용하는 문자열은 원고지에 글을 쓰는 것과 동일합니다. 각각의 문자들이 원고지 1개의 칸에 들어 있다고 이해하면 됩니다.

위 예제처럼 1번째 글자에서 4번째까지의 글자를 선택한다면 해당 위치에 있는 글자들을 이용해서 우리가 원하는 가격 8000이라는 글자들을 선택할 수 있습니다. 또한 공백(띄어쓰기)도 다른 문자와 마찬가지로 한 칸을 차지합니다.

블록	설명
텍스트 " " 에서, 앞에서부터 # 번째 위치의 ▼ 문자 얻기 에서 1	앞에서부터 특정 위치의 1 문자를 선택합니다.
문장 " " 에서, 처음부터 ▼ 얻어냄 # 번째 ▼ 문자까지 2	지정 위치부터 #번째 문자까지 선택합니다.
문장 " " 의 1 번째에서 3 번째까지 글자 선택	특정 위치의 글자들을 선택합니다.
문장 " " 에서 " " 을(를) " " 로 바꾸기	문장에서 특정 문자열과 일치하는 모든 문장을 변경할 수 있습니다.
문장 " " 에서 다음 문장이 처음으로 ▼ 나타난 위치 찾기 : " "	문장에서 원하는 문장의 위치 값을 얻을 수 있습니다.
다음 문장의 문자 개수 " "	문장의 문자 개수를 알 수 있습니다.

AICE FUTURE 학습하기

변환

☑ 숫자 값을 가지는 변수와 문자 값을 가지는 변수를 더하는 프로그램을 만들어 보고, 출력되는 값을 확인해 보세요.

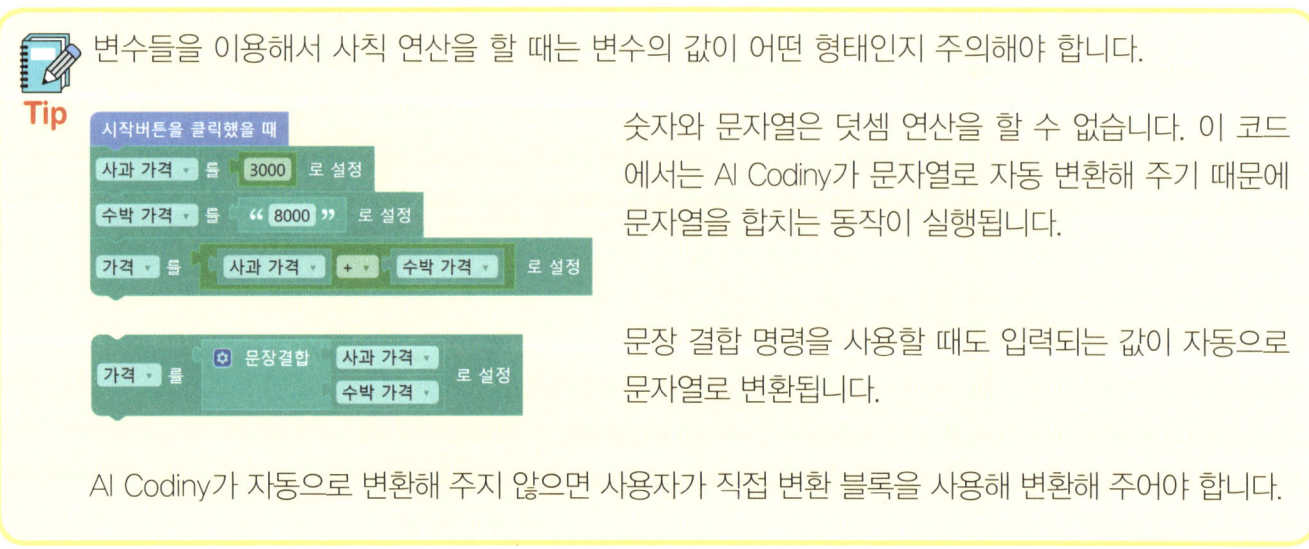

변수들을 이용해서 사칙 연산을 할 때는 변수의 값이 어떤 형태인지 주의해야 합니다.

숫자와 문자열은 덧셈 연산을 할 수 없습니다. 이 코드에서는 AI Codiny가 문자열로 자동 변환해 주기 때문에 문자열을 합치는 동작이 실행됩니다.

문장 결합 명령을 사용할 때도 입력되는 값이 자동으로 문자열로 변환됩니다.

AI Codiny가 자동으로 변환해 주지 않으면 사용자가 직접 변환 블록을 사용해 변환해 주어야 합니다.

4. 계산 코딩 블록

KT AI Codiny의 계산 카테고리에는 연산, 조건, 랜덤, 시계와 관련된 명령 블록들이 위치하고 있습니다. 연산 블록들을 이용하면 복잡한 계산을 쉽게 할 수 있고, 랜덤 값을 만들거나 정확한 시간 값을 이용할 수도 있어 코딩에 매우 유용하게 활용할 수 있습니다.

날짜, 시간 블록 활용하기

☑ 지니를 호출하면 지니가 현재 날짜, 시간을 알려 주도록 코딩해 보세요.

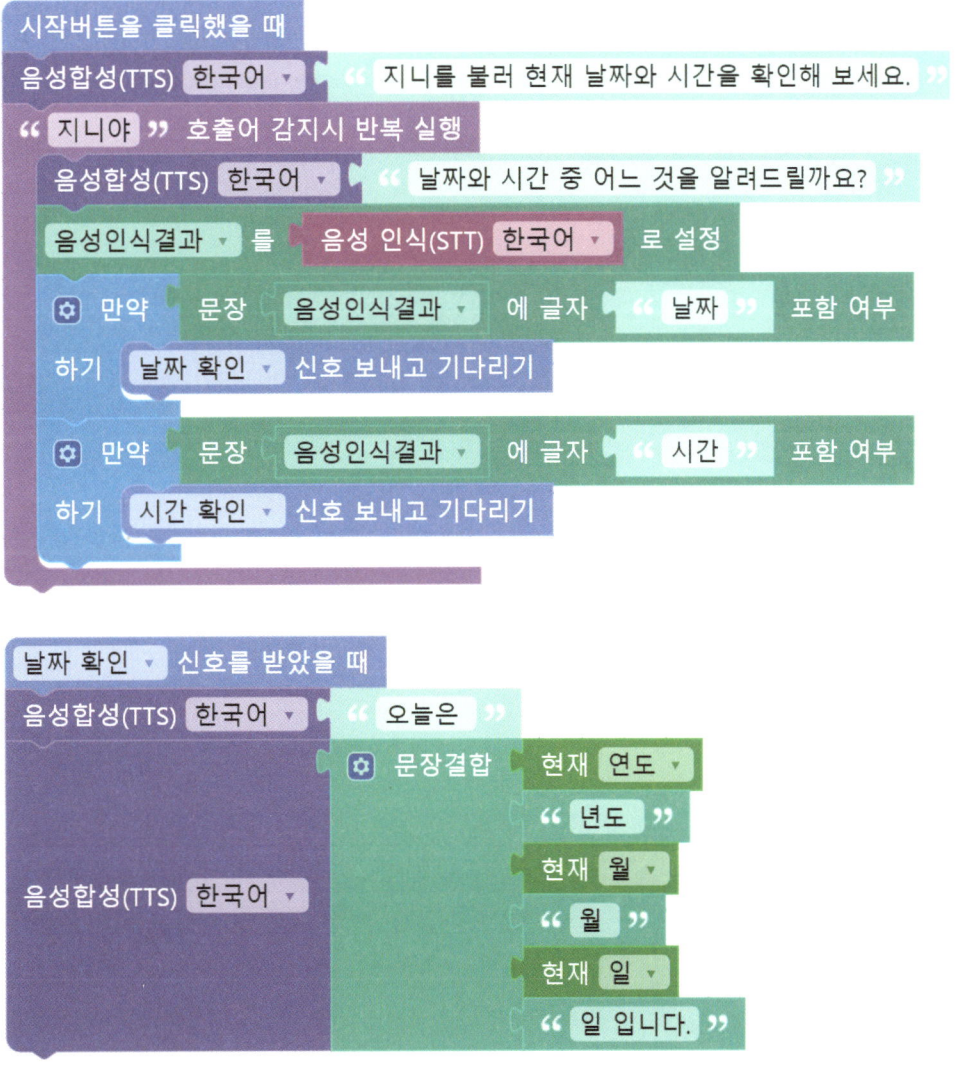

AICE FUTURE 학습하기

☑ 매일 6시가 되면 기상 알람이 울리도록 코딩해 보세요.

☑ 5초가 경과되면 알람이 울리도록 타이머 프로그램을 코딩해 보세요.

5. 동작 코딩 블록

KT AI Codiny의 동작 카테고리에는 오브젝트를 회전시키고 좌표를 이동하는 블록과 오브젝트가 특정 좌표 범위 안에 있는지 확인할 수 있는 블록들이 위치해 있습니다.

블록	설명
x좌표가 0 인가	선택된 오브젝트가 지정된 x좌표에 위치하고 있는지 확인합니다.
y좌표가 0 인가	선택된 오브젝트가 지정된 y좌표에 위치하고 있는지 확인합니다.
x좌표는 0 이고, y좌표는 0 인가	선택된 오브젝트가 지정된 x좌표와 y좌표에 위치하고 있는지 확인합니다.
x좌표가 0 부터 0 까지의 범위인가	선택된 오브젝트의 x좌표가 특정 범위 안에 있는지 확인합니다.
y좌표가 0 부터 0 까지의 범위인가	선택된 오브젝트의 y좌표가 특정 범위 안에 있는지 확인합니다.
x좌표가 0 부터 0 까지이고 y좌표가 0 부터 0 까지의 범위인가	선택된 오브젝트의 x좌표, y좌표 모두 특정 범위 안에 있는지 확인합니다.

좌표 범위 확인하기

☑ 스페이스 바를 누르면 축구공이 날아가고, 골대의 범위 안에 축구공이 들어가면 "골인"이라고 말하도록 코딩해 보세요.

AICE FUTURE 학습하기

✅ **스페이스 바를 누르면 골키퍼가 랜덤으로 골을 막는 자세를 취합니다.**

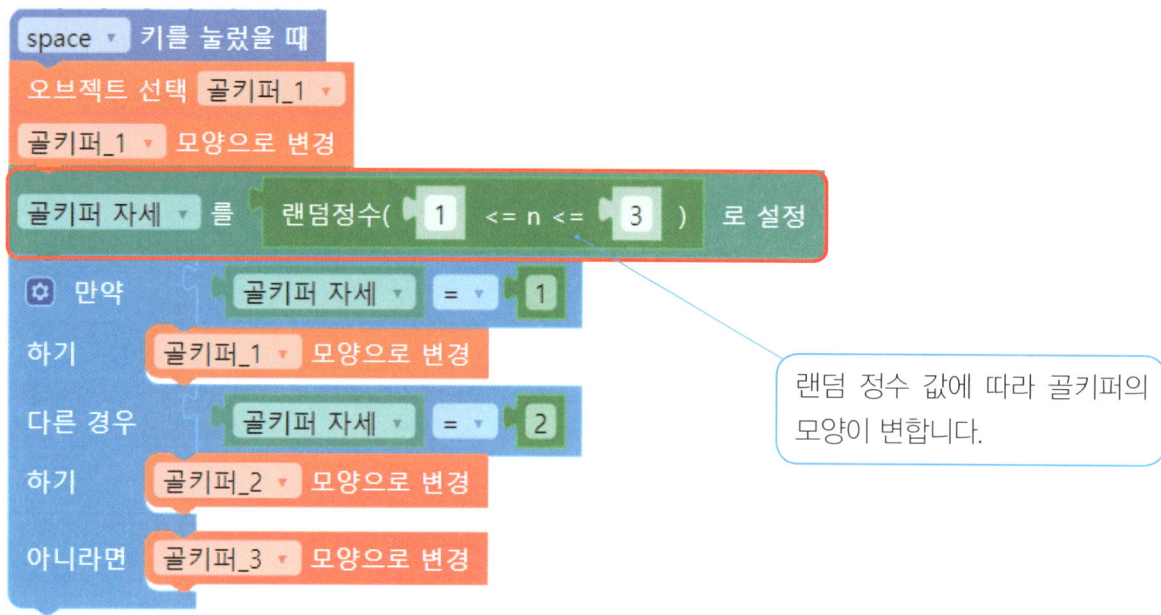

랜덤 정수 값에 따라 골키퍼의 모양이 변합니다.

✅ **공은 날아가면서 크기가 점점 작아집니다.**

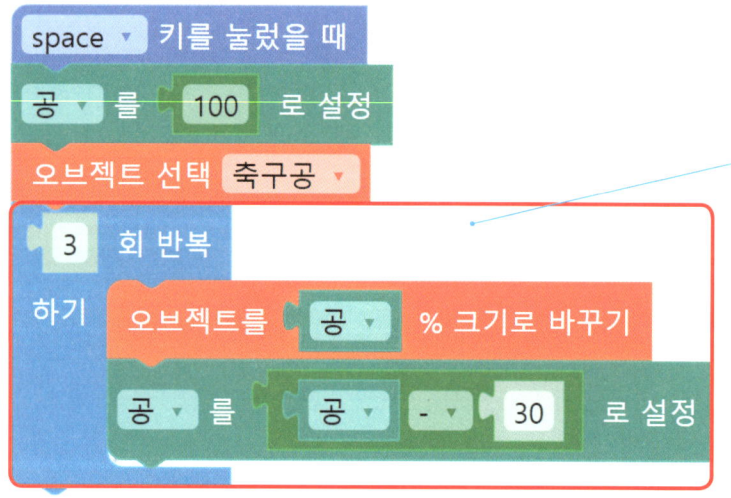

축구공이 골대로 향하는 동안 점점 작아지도록 크기를 변경합니다.

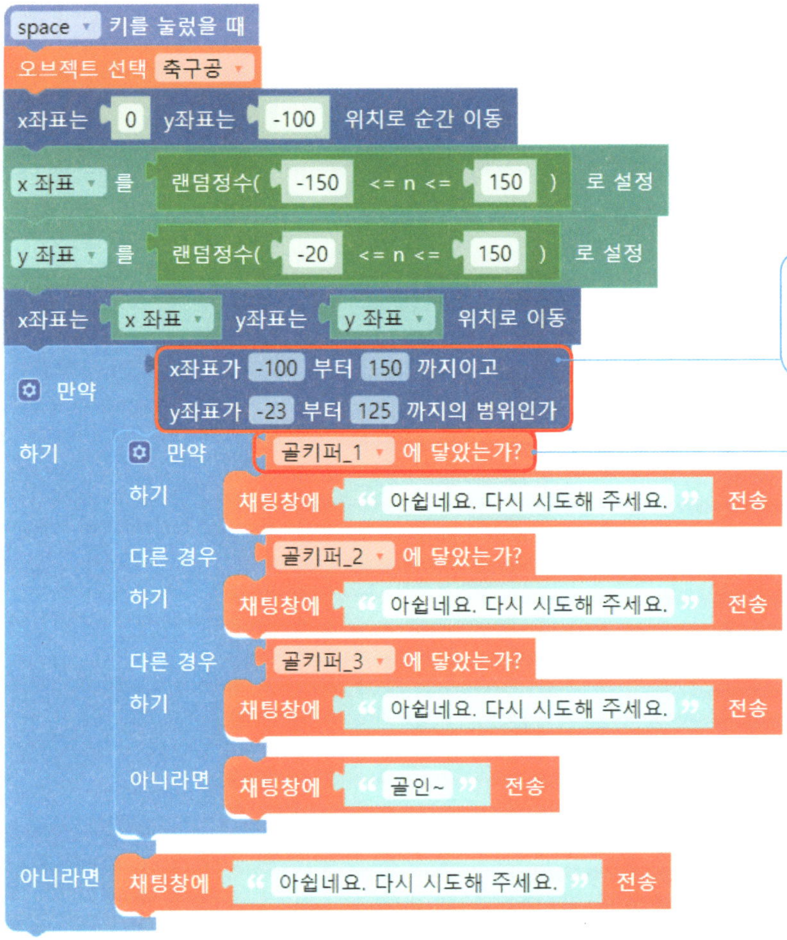

제2장 AI 학습을 위한 기본 코딩

```
space 키를 눌렀을 때
오브젝트 선택 축구공
x좌표는 0 y좌표는 -100 위치로 순간 이동
x 좌표 를 랜덤정수( -150 <= n <= 150 ) 로 설정
y 좌표 를 랜덤정수( -20 <= n <= 150 ) 로 설정
x좌표는 x 좌표 y좌표는 y 좌표 위치로 이동
만약 x좌표가 -100 부터 150 까지이고
    y좌표가 -23 부터 125 까지의 범위인가
하기
    만약 골키퍼_1 에 닿았는가?
    하기 채팅창에 "아쉽네요. 다시 시도해 주세요." 전송
    다른 경우 골키퍼_2 에 닿았는가?
    하기 채팅창에 "아쉽네요. 다시 시도해 주세요." 전송
    다른 경우 골키퍼_3 에 닿았는가?
    하기 채팅창에 "아쉽네요. 다시 시도해 주세요." 전송
    아니라면 채팅창에 "골인~" 전송
아니라면 채팅창에 "아쉽네요. 다시 시도해 주세요." 전송
```

> 축구공이 골대의 안으로 들어왔는지 축구공의 x축, y축 범위를 확인합니다.

> 축구공이 골키퍼에 닿으면 골인이 아닙니다.

Tip 모양 탭에서 오브젝트를 클릭한 후 선택 버튼으로 오브젝트를 드래그하면 오브젝트 중앙에 오브젝트의 이동, 회전축 등의 기준이 되는 ✚ 오브젝트 중심점을 볼 수 있습니다.
오브젝트는 이 중심점을 기준으로 좌표가 정해지기 때문에 오브젝트의 외형과 상관없이 이 중심점이 골대의 범위 안에 있는지 여부가 골인을 판단하는 기준이 됩니다.

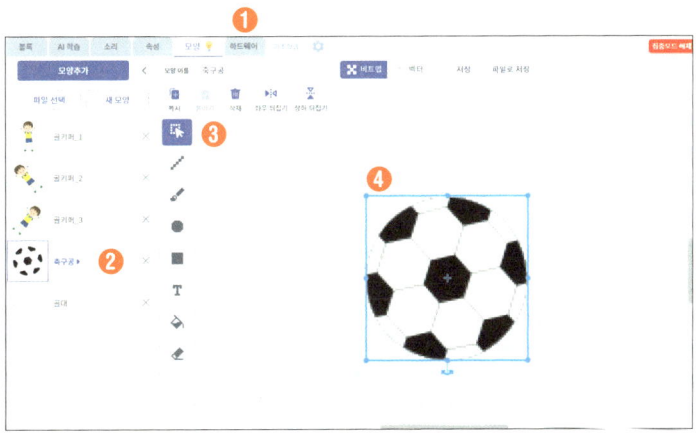

53

실전 문제

실전 문제 풀이 안내 각 문항에 주어진 블록을 활용하여 프로그램을 완성해 보세요.

- 〈문제 출제 블록〉(-- 이 블록을 바꾸세요 -- , ? 등)을 삭제하고, 그 자리에 아래 **주어진 블록만을 사용**하여 코딩합니다(다른 블록 사용 불가).
- 한 블록을 여러 번 사용할 수 있으며 블록 안의 문자, 숫자, 기호 등을 적절히 변경합니다.

1. 2개의 이벤트 블록을 사용해서 2개의 오브젝트가 시간 차를 두고 이동하도록 코딩하시오.

조건
1. 2개의 이벤트 블록을 사용한다.
2. 먼저 선생님이 아래쪽으로 100만큼 이동한다.
3. 선생님이 이동한 후에 학생이 아래쪽으로 100만큼 이동한다.
4. 신호명은 '이동'으로 정한다.

시작버튼을 클릭했을 때
-- 이 블록을 바꾸세요 --
오브젝트 선택 안경 쓴 학생
현재 위치에서 y: -100 만큼 이동

-- 이 블록을 바꾸세요 --
오브젝트 선택 선생님
현재 위치에서 y: -100 만큼 이동

 활용할 블록

신호없음 신호 보내고 기다리기   신호없음 신호를 받았을 때

실전 문제

2. 마우스를 클릭하면 코디니가 200%로 커져서 앞으로 다가온 것처럼 표시되고 마우스 클릭을 해제하면 코디니가 50% 크기로 작아져서 멀리 가는 모습이 표시되도록 코딩하시오.

조건
1. 2개의 이벤트 블록을 사용한다.
2. 실행화면에서 마우스를 클릭하면 코디니가 200%로 커진다.
3. 마우스 클릭을 해제하면 코디니가 50% 크기로 작아진다.

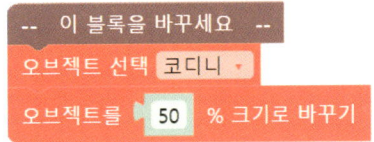

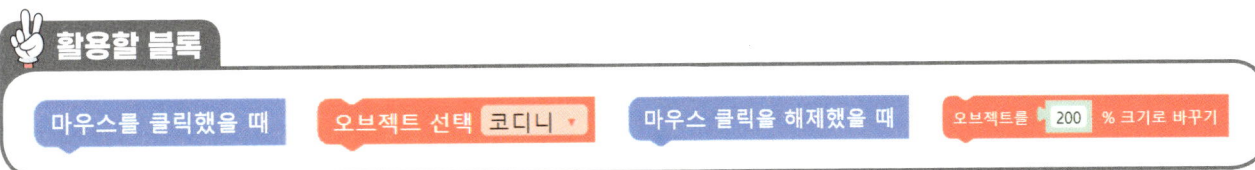

3. 물고기 오브젝트가 이동 방향으로 10만큼 움직이고 1초 쉬었다가 다시 움직이는 동작을 10회 반복하도록 코딩하시오.

조건
1. 물고기는 오른쪽으로 움직인다.
2. 10만큼 움직이고 1초 쉬었다가 다시 움직인다.
3. 2의 행동을 10회 반복한다.

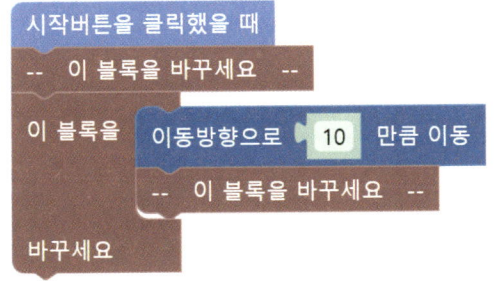

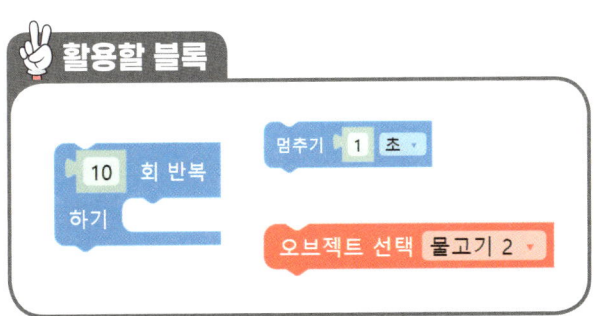

실전 문제

4. 요정 할머니와 꼬마 마법사가 제자리에서 회전하다가 마우스 포인터가 요정 할머니에 닿으면 요정 할머니의 회전이 멈추는 프로그램을 코딩하시오.

조건
1. 요정 할머니, 꼬마 마법사 오브젝트를 사용한다.
2. 프로그램을 실행하면 요정 할머니와 꼬마 마법사가 계속 돌아간다.
3. 마우스가 요정 할머니에 닿으면 요정 할머니의 회전이 멈춘다.

5. 알림창에 숫자를 입력하면 '그 숫자가 5보다 작다'가 참인지 거짓인지를 구분하여 알려 주는 코드를 작성해 보시오.

조건
1. 알림창에 숫자를 입력한다.
2. 입력한 숫자가 5보다 작은지 판단한다.
3. 비교 연산 결과를 알려 준다.

활용할 블록: 참

실전 문제

6. 사과 가격과 수박 가격을 더해 합계를 구하는 코드를 완성하시오.

> **조건**
> 1. 사과 가격과 수박 가격을 변수로 설정한다.
> 2. 두 변수를 더하여 합계를 구한다.
> 3. 합계 금액을 알림창에 표시한다.

7. 6시가 되면 알람이 울리고 기상 시간이라고 알려 주도록 코딩하시오.

> **조건**
> 1. 6시가 되면 알람이 울린다.
> 2. 기상 시간이라고 말해 준다.
> 3. 실행을 멈출 때까지 계속 반복된다.

제1장 AI 학습을 위한 기본 코딩

2. 반복 블록 활용

1. 반복 블록의 활용 (while문과 for문)

위 블록들의 공통점은 지정된 코드를 반복하여 실행하는 블록이라는 점입니다. 실제 프로그래머들이 사용하는 텍스트 코딩 언어에서 반복을 실행하는 명령은 while문과 for문이 있습니다. 블록 코딩의 반복 블록은 이 두 가지 명령어로 만든 블록들입니다.

while문 반복 블록: while문 반복 블록은 제시한 조건이 충족되는 동안 반복하여 실행하는 반복 명령 블록입니다.

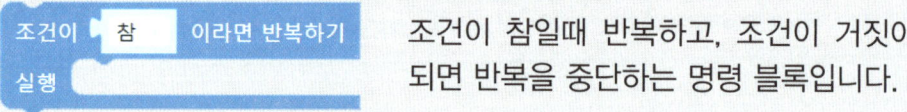

조건이 참일때 반복하고, 조건이 거짓이 되면 반복을 중단하는 명령 블록입니다.

예) i < 10가 참일 때 반복하고 i가 10이 되면 반복을 멈추는 코드입니다.

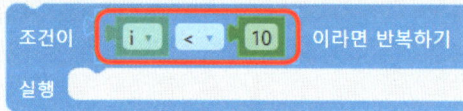

for문 반복 블록: for문 반복 블록은 정해진 변수의 범위 내에서 반복을 실행하는 반복 명령 블록입니다. (반복문이 1회 실행될 때마다 변수가 1씩 증가합니다.)

예) 아래와 같이 코딩하면 1 ≤ j ≤ 3일 때에만 반복을 실행합니다.

2. while문 반복 블록

while문 반복 블록 코딩하기

☑ while문 반복 블록을 사용하여 1에서 10까지의 합계를 구하는 코딩을 해 보세요.

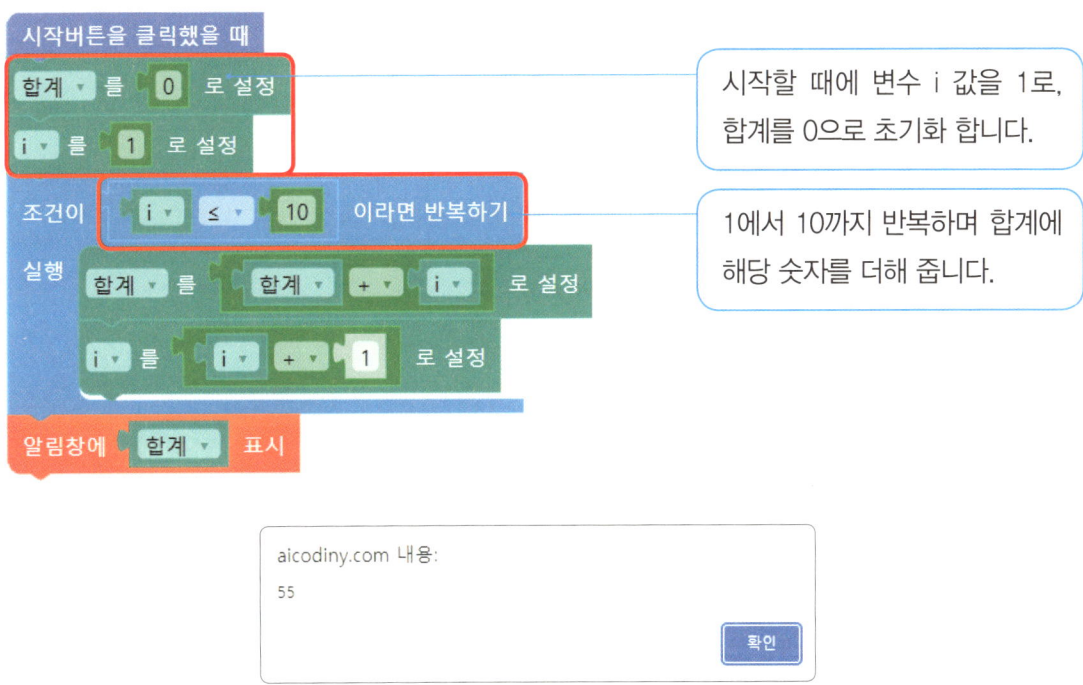

☑ while문 반복 블록을 사용하여 100에서 500까지의 숫자 중 짝수의 합을 구해 보세요.

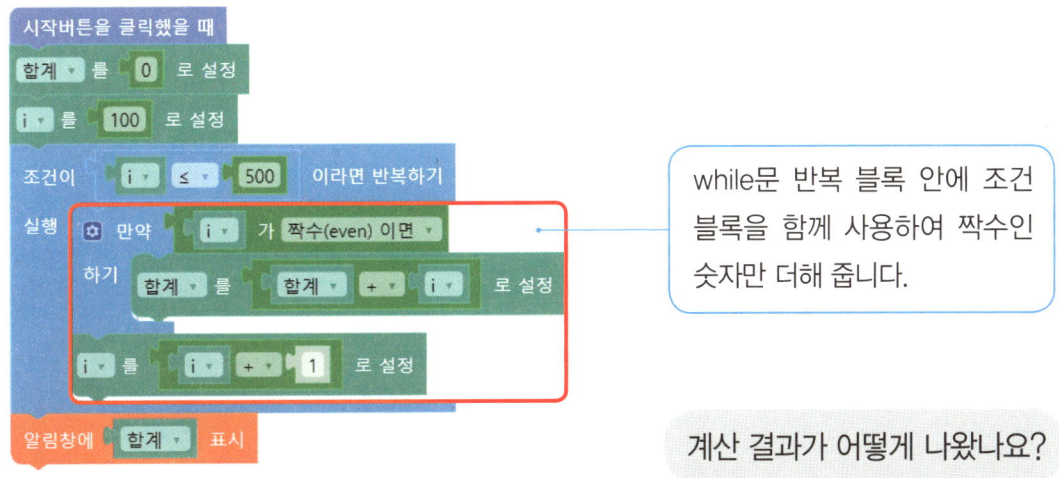

AICE FUTURE 학습하기

☑ while문 반복 블록을 사용하여 100에서 500까지의 숫자 중 5의 배수의 합을 구해 보세요.

> while문 반복 블록 안에 조건 블록을 함께 사용하여 5로 나눈 나머지가 0인 숫자만 더해 줍니다.

계산 결과가 어떻게 나왔나요?

☑ while문 반복 블록을 사용하여 100에서 500까지의 숫자 중 5의 배수가 아닌 숫자의 합을 구해 보세요.

계산 결과가 어떻게 나왔나요?

? → i ÷ 5 의 나머지 ≠ 0

제2장 AI 학습을 위한 기본 코딩

☑ while문을 사용하여 100에서 500까지의 숫자 중 3과 5의 공배수 합을 구해 보세요.

```
시작버튼을 클릭했을 때
합계 ▼ 를 0 로 설정
i ▼ 를 100 로 설정
조건이 i ≤ 500 이라면 반복하기
실행
    만약 i ÷ 5 의 나머지 = 0 그리고 i ÷ 3 의 나머지 = 0
    하기 합계 ▼ 를 합계 + i 로 설정
    i ▼ 를 i + 1 로 설정
알림창에 합계 표시
```

> 3과 5의 공배수: 3의 배수이면서 동시에 5의 배수인 수

☑ while문을 사용하여 100에서 500까지의 숫자 중 3과 5의 공배수가 아닌 수의 합을 구해 보세요.

```
시작버튼을 클릭했을 때
합계 ▼ 를 0 로 설정
i ▼ 를 100 로 설정
조건이 i ≤ 500 이라면 반복하기
실행
    만약 i ÷ 3 의 나머지 ≠ 0 또는 i ÷ 5 의 나머지 ≠ 0
    하기 합계 ▼ 를 합계 + i 로 설정
    i ▼ 를 i + 1 로 설정
알림창에 합계 표시
```

> 3과 5의 공배수가 아닌 수: 3의 배수가 아니거나 5의 배수가 아닌 수

AICE FUTURE 학습하기

3. for문 반복 블록

for문 반복 블록 코딩하기

☑ for문 반복 블록을 사용하여 1에서 10까지의 합계를 구하는 코딩을 해 보세요.

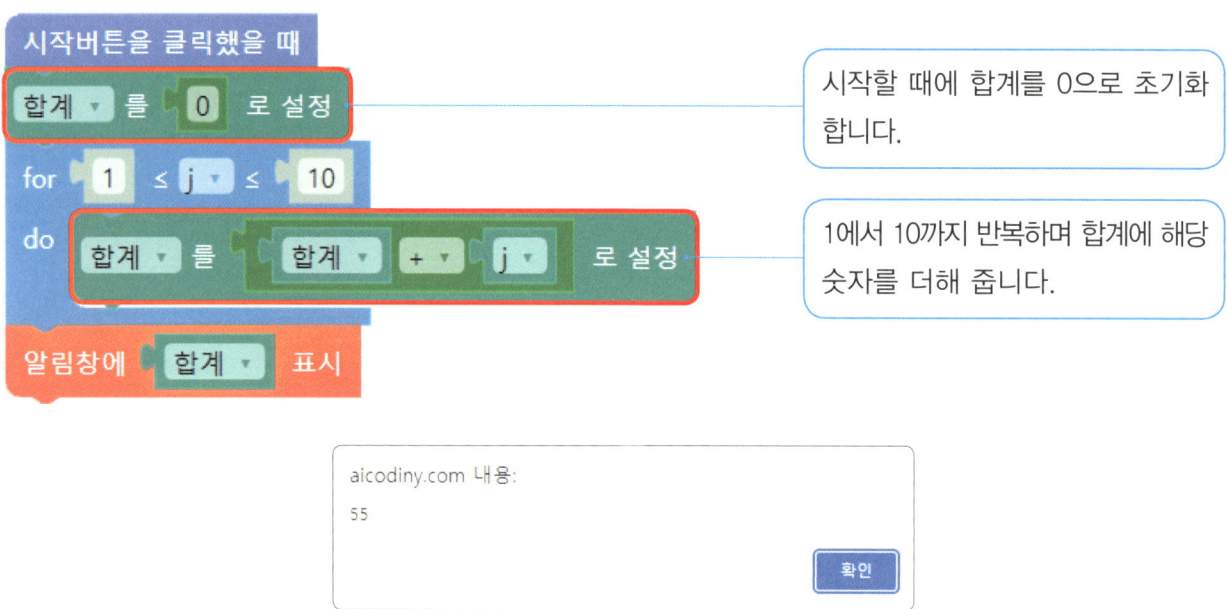

☑ for문 반복 블록을 사용하여 100에서 500까지의 숫자 중 짝수의 합을 구해 보세요.

계산 결과가 어떻게 나왔나요?

제2장 AI 학습을 위한 기본 코딩

☑ for문 반복 블록을 사용하여 100에서 500까지의 숫자 중 5의 배수의 합을 구해 보세요.

> for문 반복 블록 안에 조건 블록을 함께 사용하여 5로 나눈 나머지가 0인 숫자만 더해 줍니다.

계산 결과가 어떻게 나왔나요?

☑ for문 반복 블록을 사용하여 100에서 500까지의 숫자 중 5의 배수가 아닌 숫자의 합을 구해 보세요.

계산 결과가 어떻게 나왔나요?

? →

AICE FUTURE 학습하기

☑ for문을 사용하여 100에서 500까지의 숫자 중 3과 5의 공배수 합을 구해 보세요.

```
시작버튼을 클릭했을 때
합계 를 0 로 설정
for 100 ≤ i ≤ 500
do  만약 i ÷ 5 의 나머지 = 0 그리고 i ÷ 3 의 나머지 = 0
   하기 합계 를 합계 + i 로 설정
알림창에 합계 표시
```

3과 5의 공배수: 3의 배수이면서 동시에 5의 배수인 수

☑ for문을 사용하여 100에서 500까지의 숫자 중 3과 5의 공배수가 아닌 수의 합을 구해 보세요.

```
시작버튼을 클릭했을 때
for 100 ≤ i ≤ 500
do  만약 i ÷ 5 의 나머지 ≠ 0 또는 i ÷ 3 의 나머지 ≠ 0
   하기 합계 를 합계 + i 로 설정
알림창에 합계 표시
```

3과 5의 공배수가 아닌 수: 3의 배수가 아니거나 5의 배수가 아닌 수

실전 문제

실전 문제 풀이 안내 각 문항에 주어진 블록을 활용하여 프로그램을 완성해 보세요.
- 〈문제 출제 블록〉(-- 이 블록을 바꾸세요 -- , ? 등)을 삭제하고, 그 자리에 아래 **주어진 블록만을 사용**하여 코딩합니다(다른 블록 사용 불가).
- 한 블록을 여러 번 사용할 수 있으며 블록 안의 문자, 숫자, 기호 등을 적절히 변경합니다.

1. while문을 사용하여 10에서 200까지의 숫자 중 7의 배수가 아닌 수의 합을 구하는 프로그램을 코딩하시오.

   조건
   1. while문 반복 블록을 사용한다.
   2. 10에서 200사이의 숫자 중 7의 배수가 아닌 수를 판별한다.
   3. 10에서 200사이의 숫자 중 7의 배수가 아닌 수의 합을 구한다.
   4. 알림창에 표시한다.

실전 문제

2. for문을 사용하여 10에서 50까지의 숫자 중 7의 배수도 아니고 3의 배수도 아닌 수의 합을 구하는 프로그램을 코딩하시오.

> **조건**
> 1. for문 반복 블록을 사용한다.
> 2. 10에서 50사이의 숫자 중 3의 배수와 7의 배수를 판별한다.
> 3. 3의 배수도 아닌고 7의 배수도 아닌 수의 합을 구한다.
> 4. 알림창에 표시한다.

AICE FUTURE 학습하기

제3장

데이터 학습

1. 데이터 세트
2. 리스트
3. 리스트와 반복문 활용하기

제3장 데이터 학습

1. 데이터 세트

1. 데이터 처리하기

제1장에서 우리는 인공지능 기술에 데이터가 얼마나 중요한지 배웠습니다. 데이터는 여러 형태로 존재하고, 가공하며 보관됩니다. 이중 가장 많이 쓰이는 형태가 바로 '데이터 세트'입니다. 여기서는 가장 기초적인 데이터 세트의 구조, 생성과 코딩에 활용하는 방법에 대해 배워 보기로 합니다.

먼저 변수에도 데이터를 저장한다고 배웠습니다. 그렇다면 변수와 데이터 세트는 어떻게 다를까요? 변수에는 하나의 데이터만을 저장하고 데이터 수만큼 변수를 만들어야 합니다. 반면에 데이터 세트는 여러 데이터를 묶어서 한 번에 저장하고 처리할 수 있답니다.

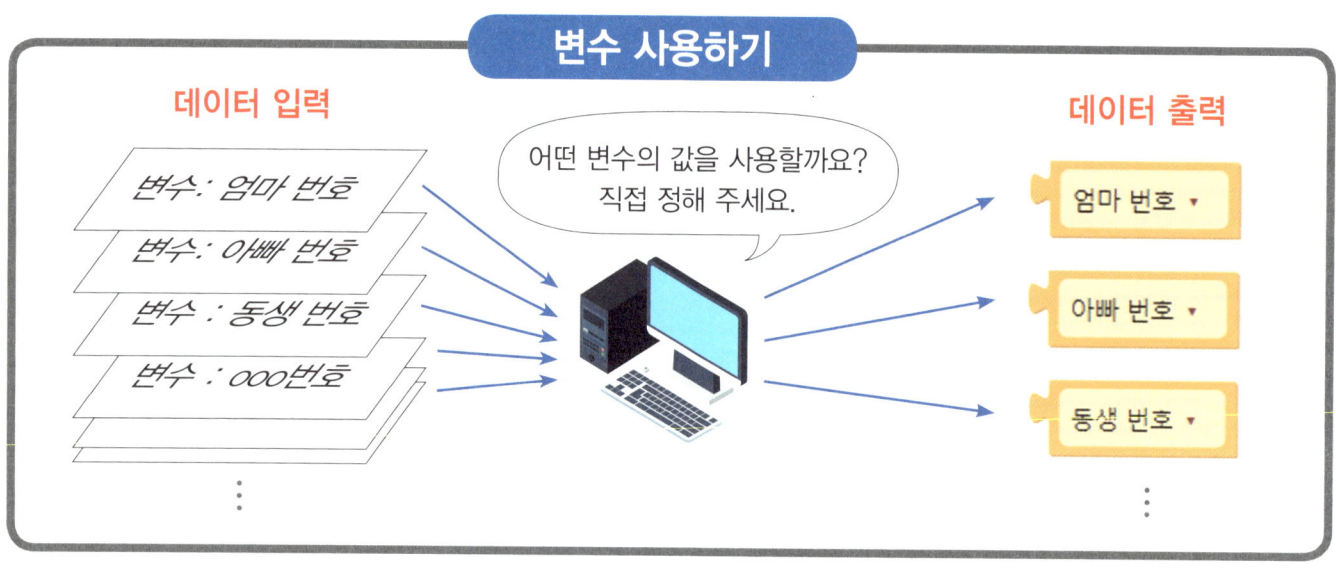

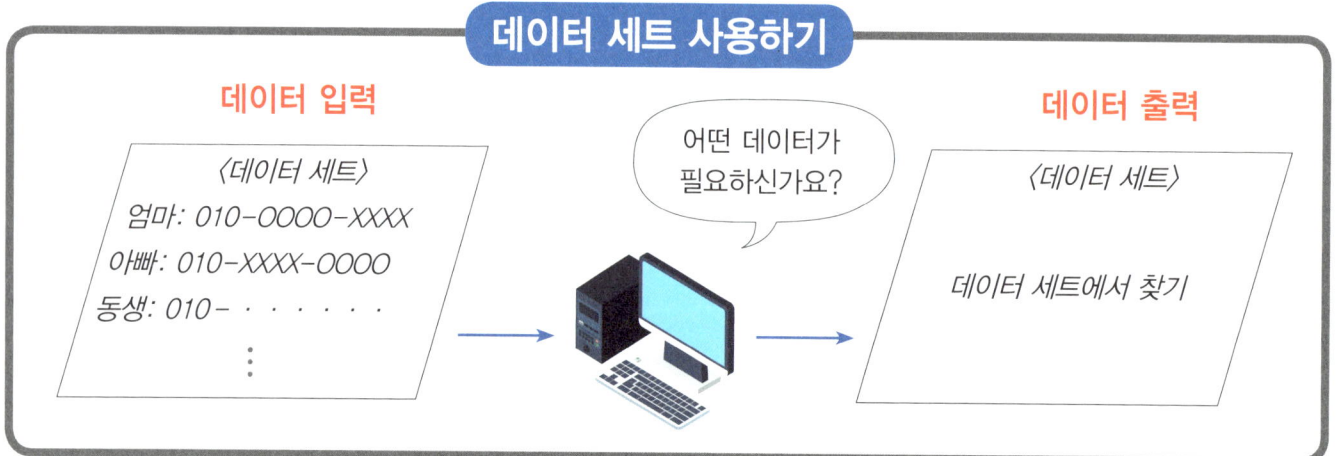

2. 데이터 세트 코딩 블록

☑ 정보 블록 카테고리 [API 정보블록] 에서 아래와 같은 명령 블록을 찾아 클릭해 보세요.

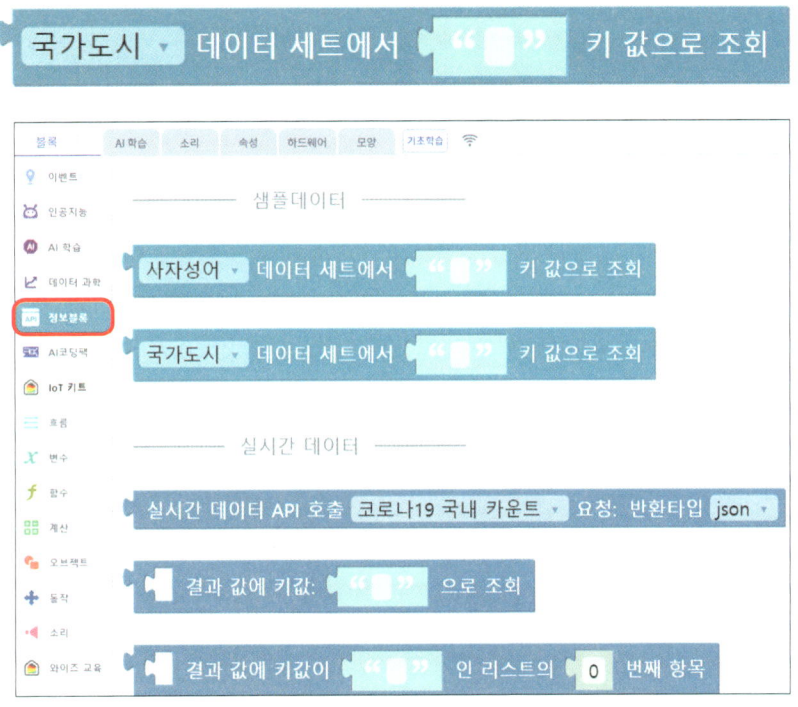

☑ 위의 명령 블록을 활용하여 아래와 같이 코딩한 후 실행해 보세요. 지니가 어떤 말을 하나요?

미국, 일본, 가나 등 다른 나라 이름으로 바꾼 후 다시 실행해 보세요.

☑ 지니의 대답과 데이터 세트의 내용은 어떤 관계가 있나요?

AICE FUTURE 학습하기

3. 데이터 세트를 활용한 코딩하기

데이터 세트는 많은 데이터를 세트로 묶어 저장해 둔 것입니다. 〈키〉와 〈값〉이 짝을 이루어 만들어지는데, 〈값〉은 코딩에 활용할 데이터이고, 〈키〉는 데이터를 찾기 위해 붙인 이름 같은 것입니다. 한 번 만들어 저장한 데이터 세트는 코딩에 필요할 때마다 불러와 사용할 수 있어요.

데이터 세트에서 〈키〉를 조회하면 짝지어진 〈값〉을 찾을 수 있어요. 이렇게 찾은 〈값〉은 데이터로 코딩에 활용됩니다.

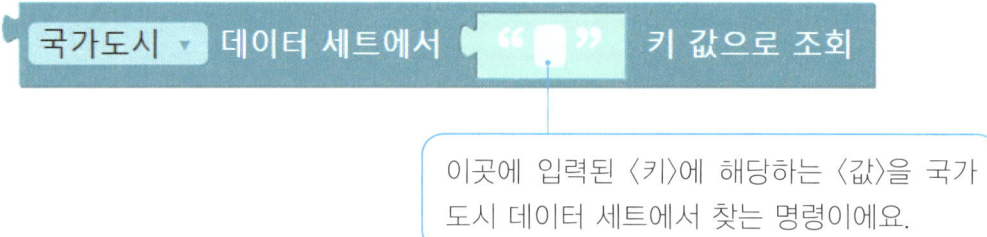

이곳에 입력된 〈키〉에 해당하는 〈값〉을 국가 도시 데이터 세트에서 찾는 명령이에요.

☑ 아래와 같은 스크립트를 코딩하고 실행해 보세요. 지니를 부른 후 나라 이름을 말하면 지니가 어떻게 대답하나요?

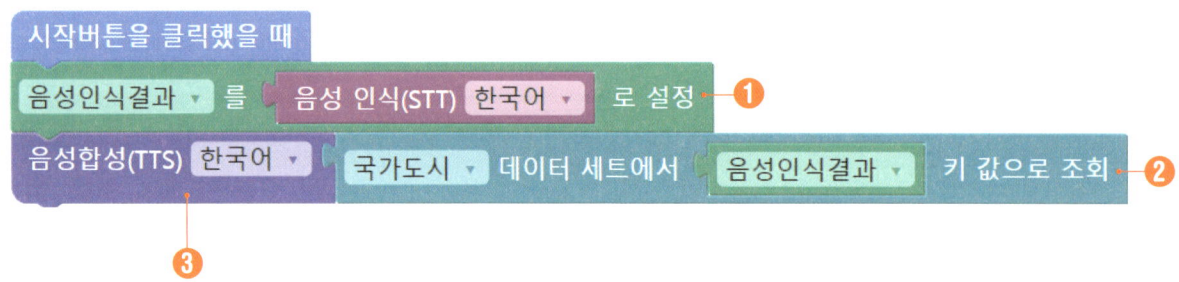

❶ 내가 말한 나라 이름을 음성인식 합니다.
❷ 〈국가도시 데이터 세트〉에서 내가 말한 나라 이름에 해당하는 〈키〉와 그 짝인 〈값〉을 찾습니다.
❸ 내가 말한 나라 이름 〈키〉에 해당하는 〈값〉이 음성합성으로 출력됩니다.

제3장 데이터 학습

✅ **앞의 프로그램을 실행하고 데이터 세트에 없는 말을 말해 보세요. 지니가 어떤 반응을 하나요?**

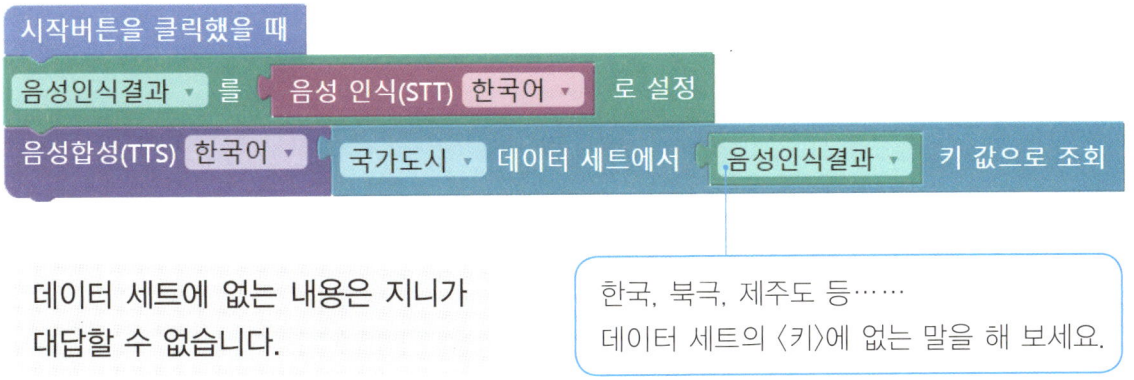

데이터 세트에 없는 내용은 지니가 대답할 수 없습니다.

한국, 북극, 제주도 등……
데이터 세트의 〈키〉에 없는 말을 해 보세요.

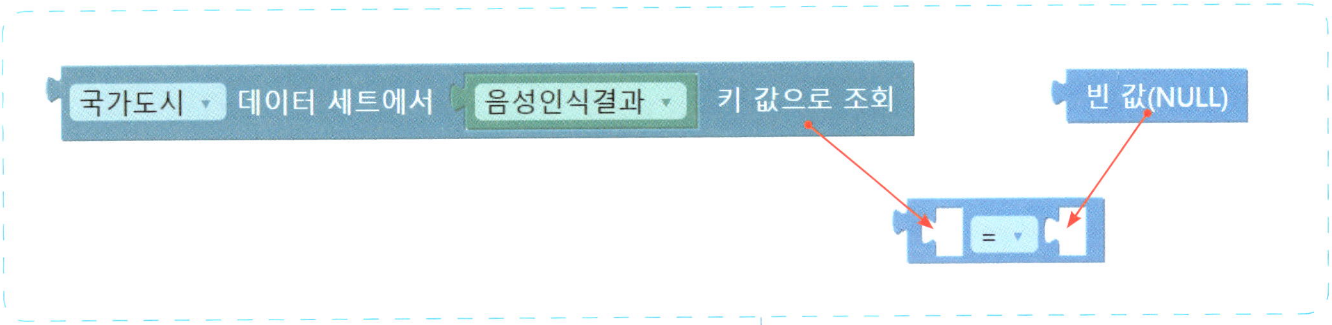

내가 말한 〈키〉에 해당하는 〈값〉이 데이터 세트에 없을 때

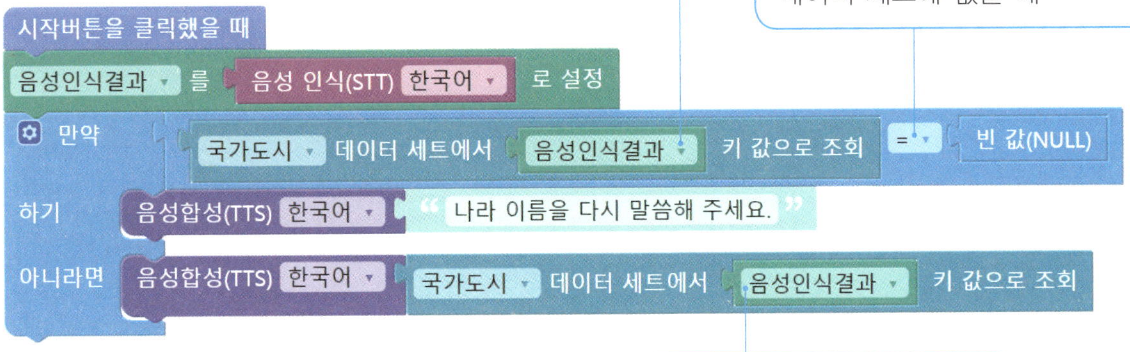

데이터 세트에 값이 있을 때

데이터 세트의 〈키〉에 없는 말을 하면 지니가 "나라 이름을 다시 말씀해 주세요."라고 말을 하는 프로그램이에요. 데이터 세트의 〈키〉에 있는 나라 이름을 말하면 〈값〉에 입력된 수도 이름을 말해 줍니다.

71

AICE FUTURE 학습하기

글자 덧붙이기

☑ 아래와 같은 스크립트를 추가하고 실행해 보세요. 지니가 어떤 문장을 말하나요?

❶ 에 글자 ❷ 를 덧붙여 연결하는 명령입니다.

☑ 앞에서 만든 국가 수도를 알려 주는 프로그램의 지니가 대답하는 부분을 아래와 같이 수정해 보세요. 어떤 점이 달라졌나요?

 Tip 덧붙이기 활용하기 '덧붙이기' 명령끼리 결합하여 글자를 필요한 만큼 연결할 수 있어요.

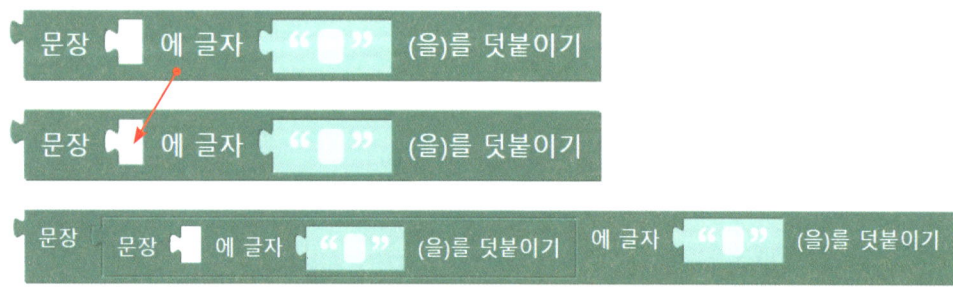

제3장 데이터 학습

4. 기본 데이터 세트 활용하기

- ☑ <사자성어> 데이터 세트를 활용하여 아래와 같이 코딩한 후 프로그램을 실행해 보세요. 사자성어를 말하면 지니가 어떤 대답을 하나요?

- ☑ AI Codiny 사이트에서는 <국가도시>와 <사자성어> 데이터 세트가 기본으로 제공되고 있습니다. 데이터 세트를 불러와 코딩에 활용해 보세요.

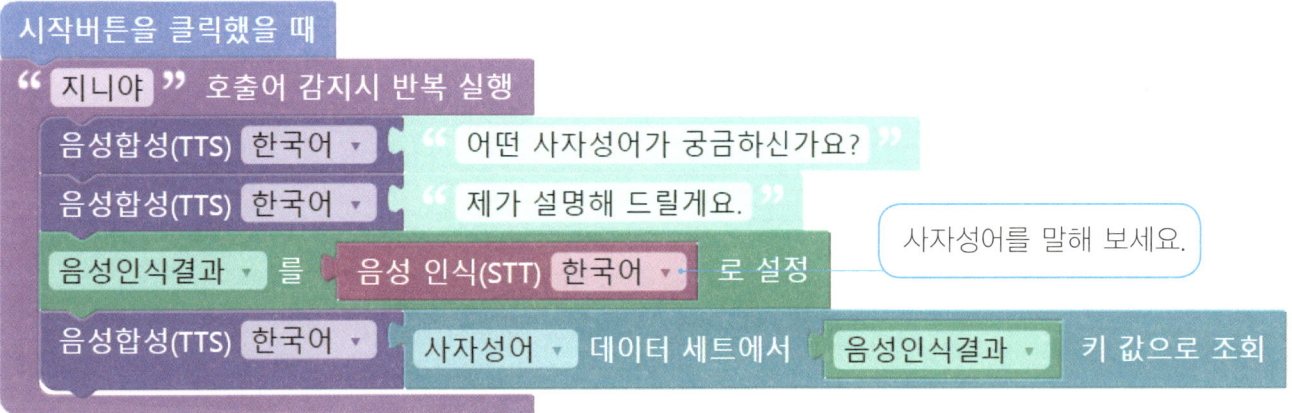

사자성어를 말해 보세요.

- ☑ 지니가 대답하는 부분의 스크립트를 아래와 같이 수정해 보세요. 프로그램을 실행하면 지니의 대답이 어떻게 달라지나요?

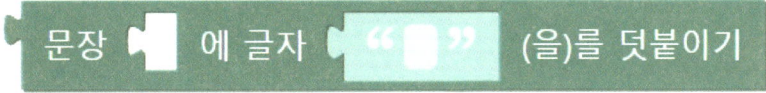

AICE FUTURE 학습하기

5. 나만의 데이터 세트 만들기

☑ AI Codiny 사이트에서 제공하는 데이터 세트 이외에 나만의 데이터 세트를 만들어 보세요.

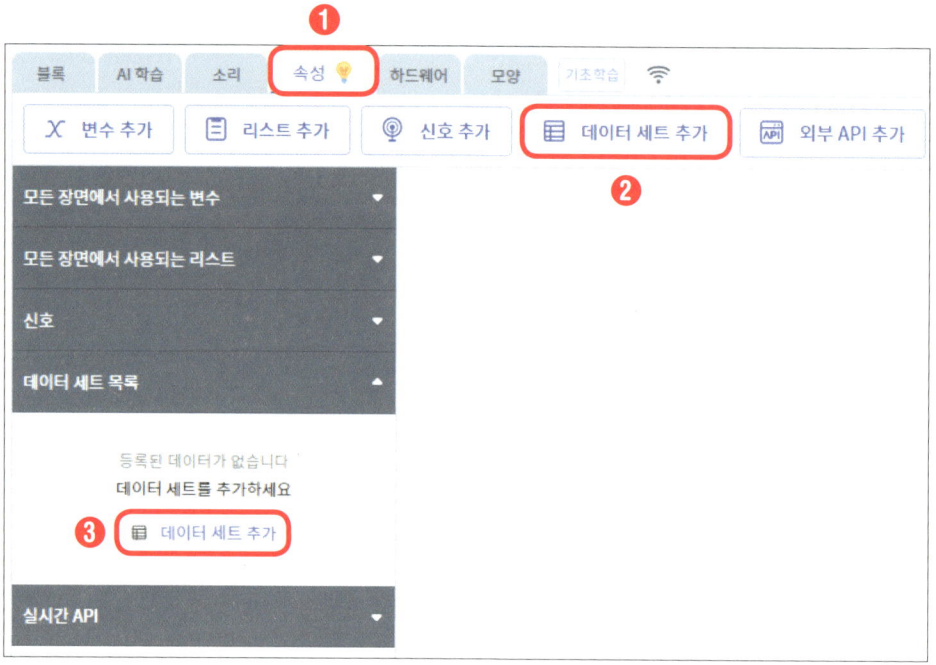

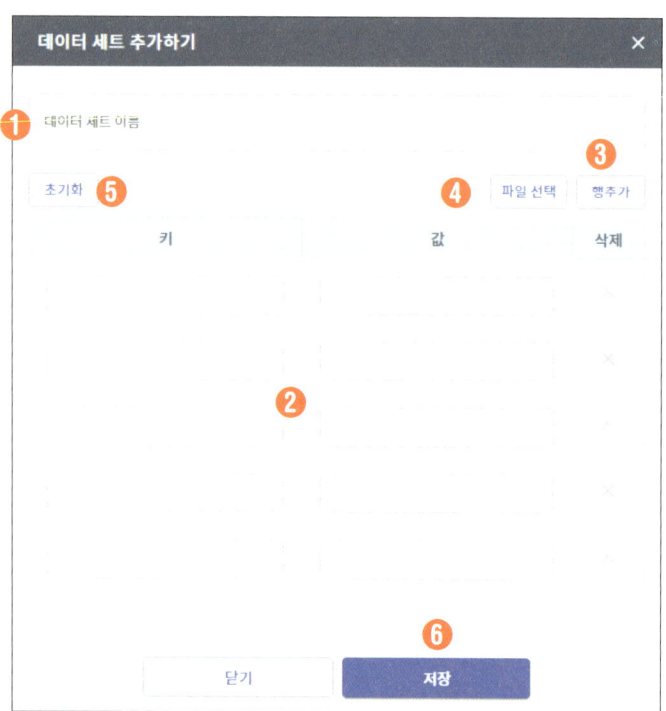

① **데이터 세트 이름**: 데이터 세트의 이름을 새로 만들거나 변경할 수 있어요.
② **데이터 입력**: 저장할 데이터의 키와 값을 입력해요.
③ **행추가**: 키와 값을 입력하는 행을 추가해요.
④ **파일 선택**: AI Codiny 사이트 외부에서 별도로 만들어 놓은 자료 파일을 불러와 데이터 세트로 만들 수 있어요 (엑셀 파일 형식).
⑤ **초기화**: 입력한 데이터를 초기화해요.
⑥ **저장하기**: 새로 만들거나 수정한 데이터 세트를 내 계정에 저장할 수 있어요.

프로젝트 1

생일을 알려 주는 AI 프로그램

아는 사람들의 생일을 데이터 세트로 만들어 저장하고 생일을 물어보면 알려 주는 지니 프로그램을 만들어 봅시다.

프로그램의 흐름

1. 지니를 부른 후 "엄마", "아빠", "선생님" 등 아는 사람의 호칭을 말한다.
2. 지니가 내가 말한 사람의 생일이 언제인지 말해 준다.

조건 데이터 세트를 활용하여 코딩한다.

1. 그림과 같이 생일 데이터 세트를 만들어 키와 값을 입력하고 저장합니다.

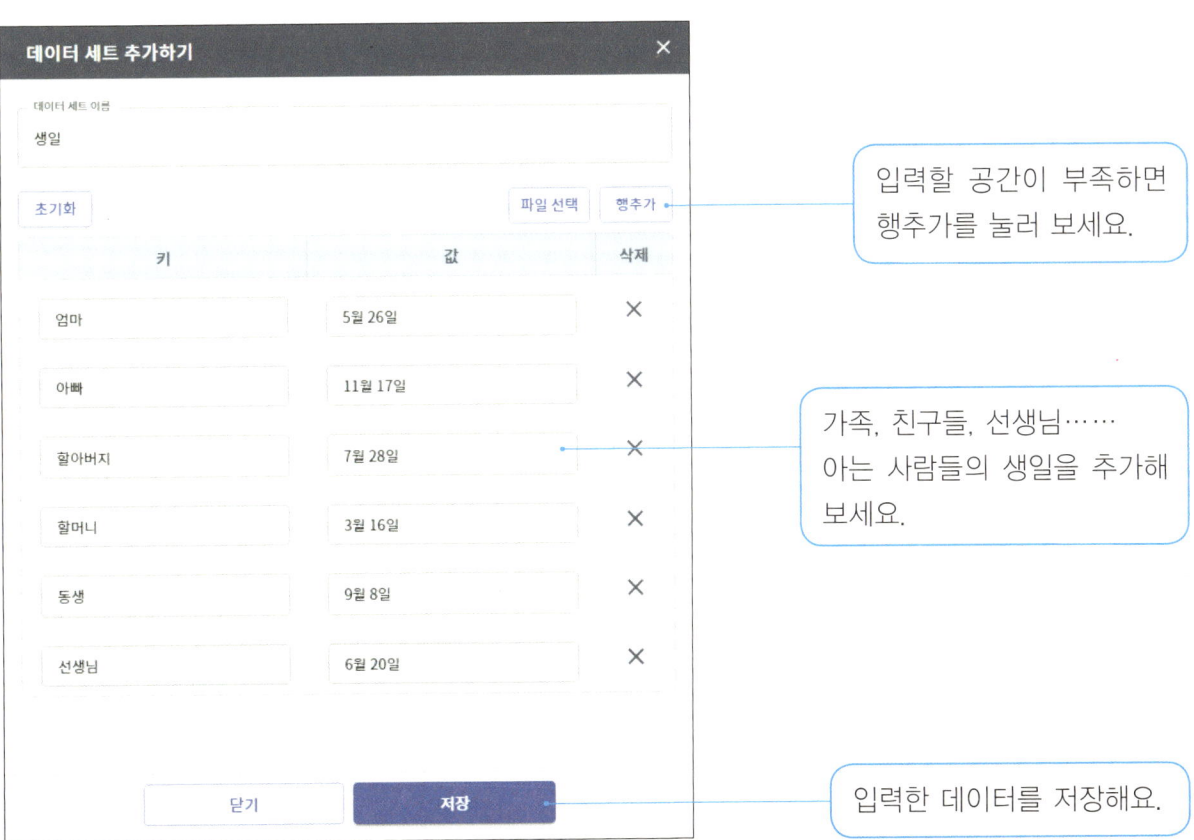

프로젝트1: 생일을 알려 주는 AI 프로그램

2. 지니를 부르면 지니가 누구의 생일이 궁금한지 물어보고 내 대답을 기다리도록 코딩하세요.

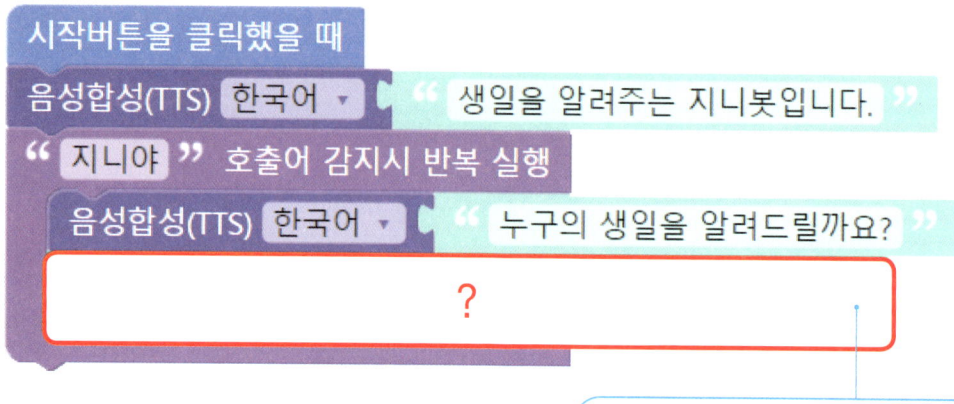

내가 하는 말을 지니가 알아들어요.

3. 사람 호칭을 말하면 지니가 데이터 세트에서 조회한 결과를 알려 주도록 코딩해 보세요.

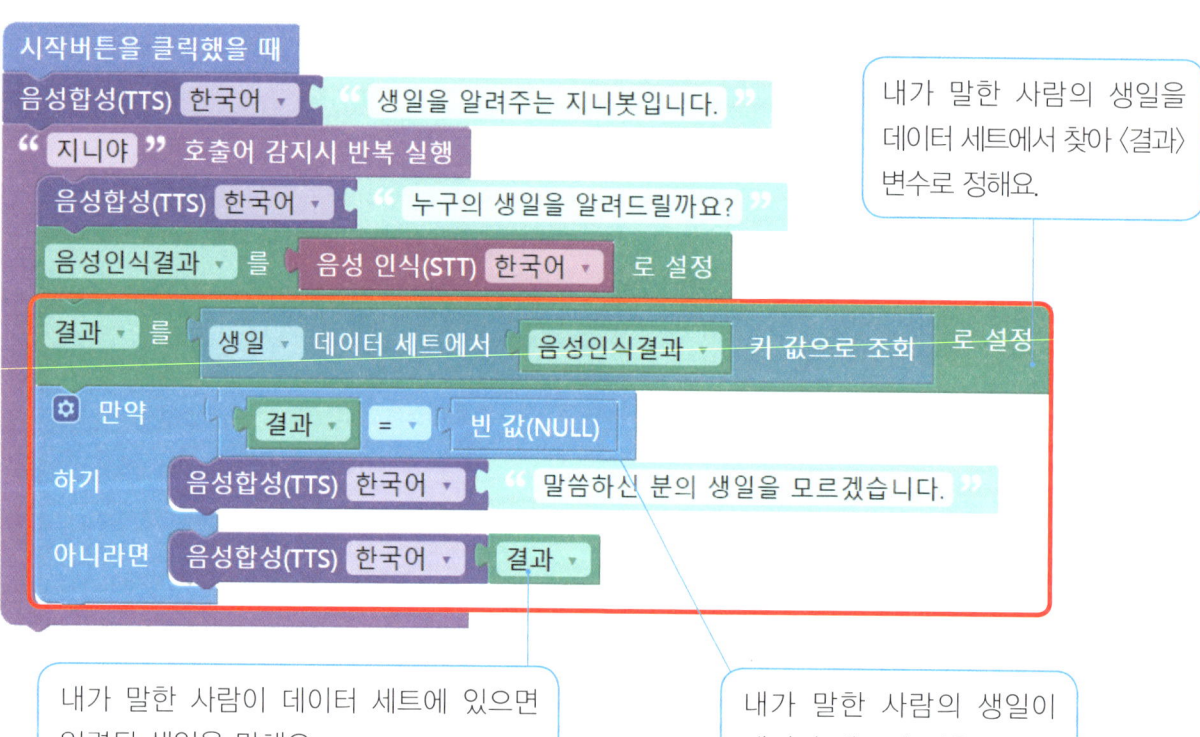

내가 말한 사람의 생일을 데이터 세트에서 찾아 〈결과〉 변수로 정해요.

내가 말한 사람이 데이터 세트에 있으면 입력된 생일을 말해요.

내가 말한 사람의 생일이 데이터 세트에 없을 경우

프로젝트 2

물건 값을 알려 주는 AI 프로그램

데이터 세트를 활용하여 과일 이름을 말하면 지니가 가격을 알려 주는 과일 가게 프로그램을 만들어 보세요.

프로그램의 흐름

1. 지니가 어떤 과일이 필요한지 묻는다.
2. 가게에 있는 과일 이름을 말하면 지니가 과일 가격을 알려 준다.
3. 가게에 없는 과일 이름을 말하면 "그 과일은 우리 가게에 없어요."라고 대답한다.

1. 〈과일 가격〉 데이터 세트를 만들고 저장해 보세요.

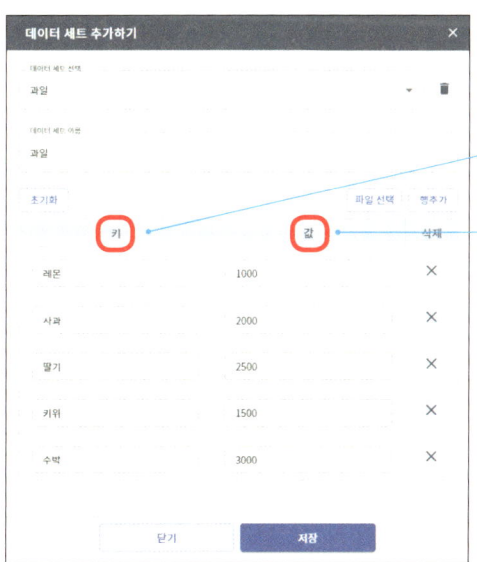

키: 과일 이름을 입력해요.

값: 과일 가격을 입력해요.

프로젝트2: 물건 값을 알려 주는 AI 프로그램

2. 과일 이름을 말하면 지니가 가격을 알려 주도록 코딩해 보세요.

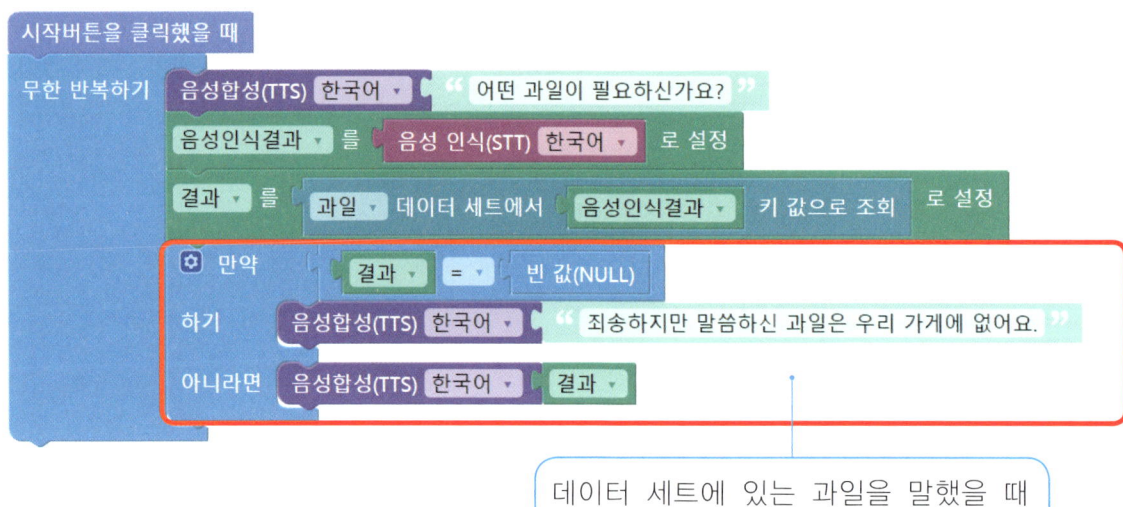

데이터 세트에 있는 과일을 말했을 때 지니가 과일의 가격을 알려 줍니다.

3. 문장 덧붙이기 블록을 사용해 코딩해 보세요.

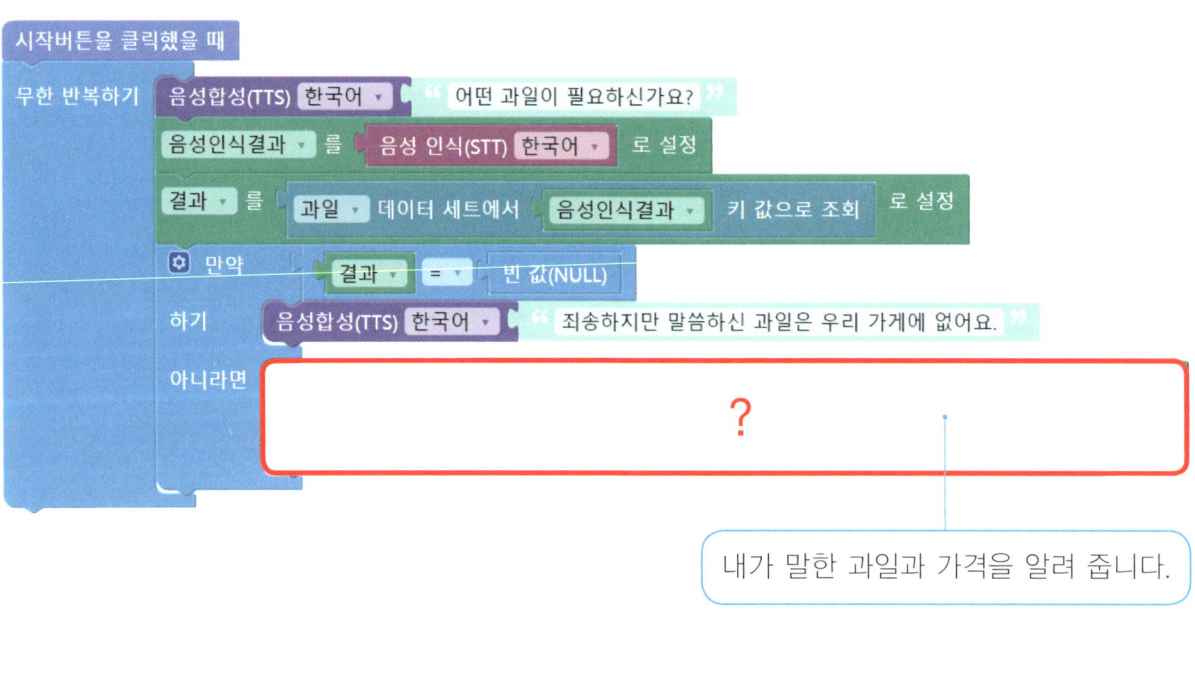

내가 말한 과일과 가격을 알려 줍니다.

제3장 데이터 학습

1. 데이터 세트를 활용하여 영어 단어 학습을 도와주는 지니 프로그램을 만들어 보려고 해요. 빈칸에 어떤 명령을 사용해야 할까요?

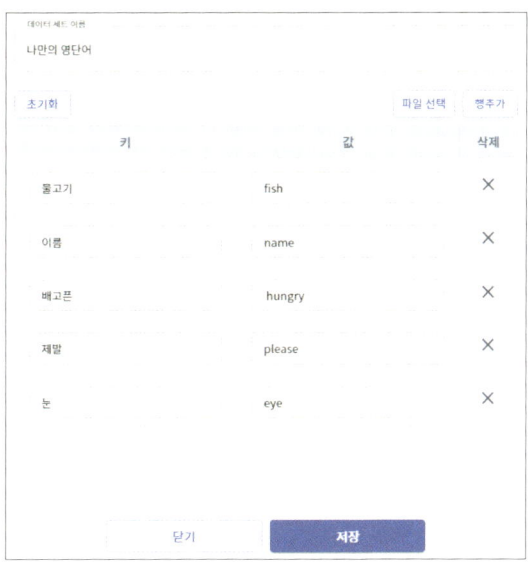

정답: 1. 나만의 영단어 ▼ 의 음성인식결과 ▼ 값 / 음성합성(TTS) 한국어 ▼ 영단어 ▼ 영어로 ▼

실전 문제

실전 문제 풀이 안내 각 문항에 주어진 블록을 활용하여 프로그램을 완성해 보세요.
- 〈문제 출제 블록〉(-- 이 블록을 바꾸세요 -- , ? 등)을 삭제하고, 그 자리에 아래 **주어진 블록만을 사용**하여 코딩합니다(다른 블록 사용 불가).
- 한 블록을 여러 번 사용할 수 있으며 블록 안의 문자, 숫자, 기호 등을 적절히 변경합니다.

1. 가족의 호칭을 말하면 전화번호를 알려 주는 코드를 완성하시오.

조건

1. 다음과 같은 내용으로 '전화번호부' 데이터 세트를 추가한다.

키	값
엄마	010-1234-5678
아빠	010-2222-3333
할머니	010-2345-6789

2. 음성으로 가족의 호칭을 말하면 해당자의 전화번호를 알려 준다.
3. 전화번호가 없다면 "전화번호가 없습니다"라고 말한다.

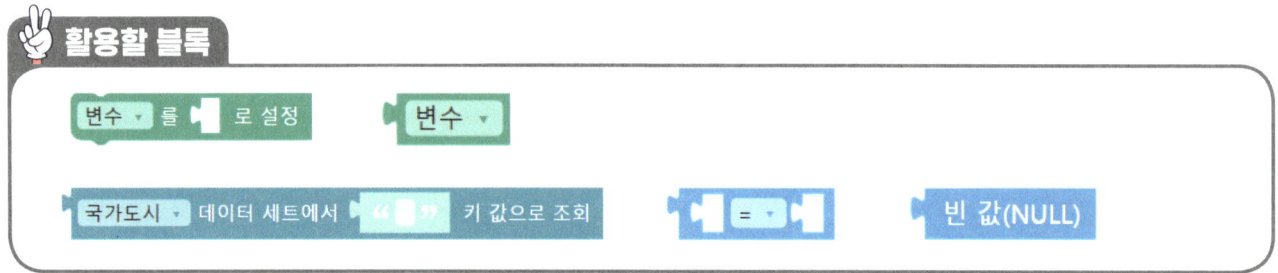

실전 문제

2. 운동 선수의 이름을 말하면 어떤 분야의 운동을 하는지를 알려 주는 코드를 완성하시오.

> **조건**
>
> 1. 다음과 같은 내용으로 '운동선수' 데이터 세트를 추가한다.
>
> | 키 | 값 |
> |------|------|
> | 김연아 | 피겨 |
> | 류현진 | 야구 |
> | 손흥민 | 축구 |
>
> 2. 음성으로 선수의 이름을 말하면 어떤 분야의 선수인지 알려 준다.
> 3. 선수 이름이 데이터 세트에 없다면 "말씀하신 '박찬호'에 대한 정보가 없습니다."와 같은 형태로 출력된다.

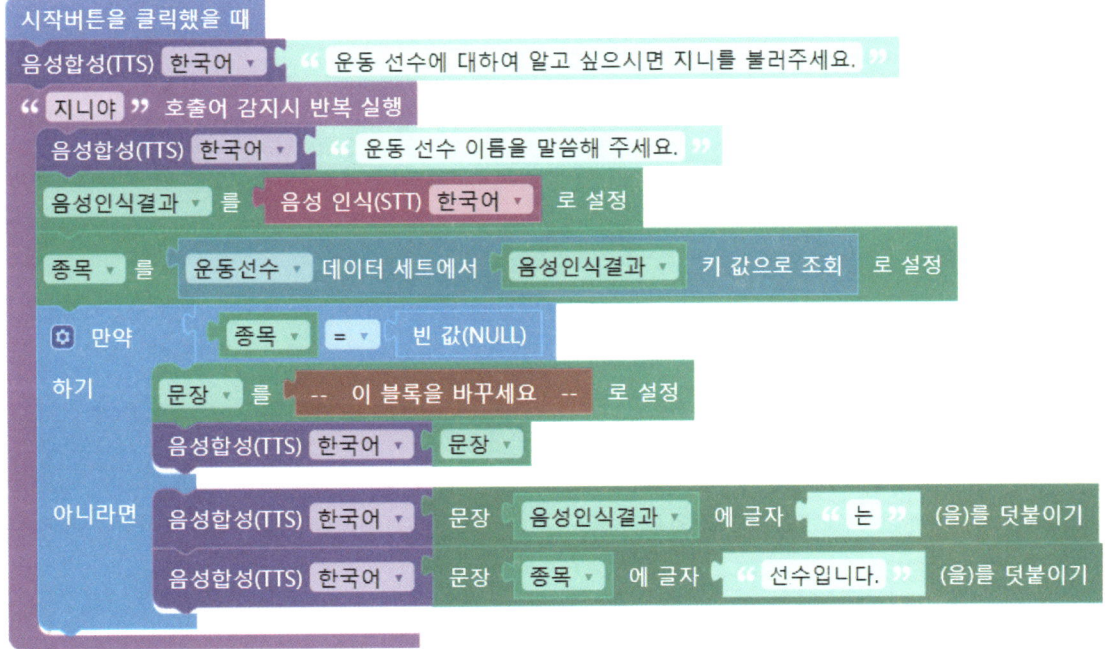

활용할 블록

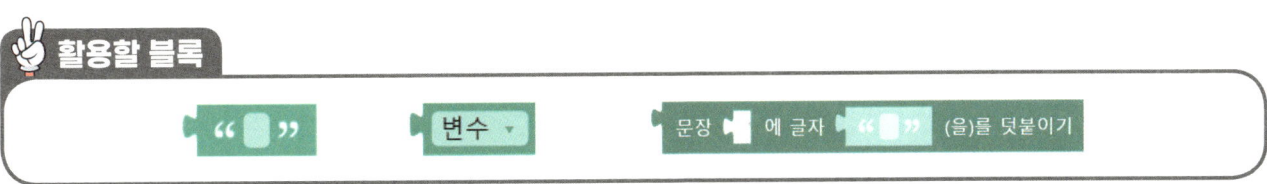

제3장 데이터 학습
2. 리스트

1. 리스트란?

정보를 저장하는 공간에는 무엇이 있나요?

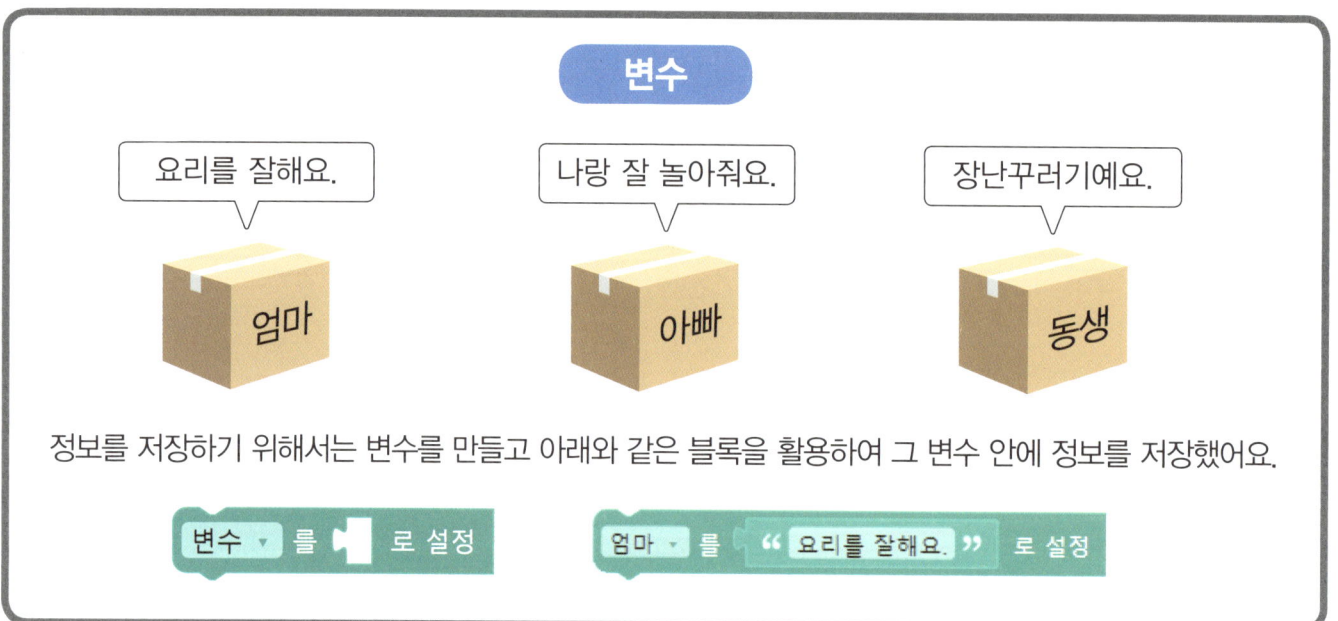

정보를 저장하기 위해서는 변수를 만들고 아래와 같은 블록을 활용하여 그 변수 안에 정보를 저장했어요.

리스트

지금까지는 변수에 다양한 정보나 데이터를 저장하고 필요할 때 꺼내 썼어요. 그런데 변수는 하나의 정보만 저장하고 다른 정보를 저장하면 먼저 저장된 정보가 삭제되고 새로운 정보로 대체됩니다. 때로는 여러 정보나 데이터를 함께 저장할 필요가 있어요. 그런 용도로 사용할 수 있는 저장 공간을 '리스트'라고 합니다.

 Tip 변수란 데이터 저장 공간을 의미하므로 넓은 의미로는 리스트도 변수의 한 종류라고 할 수 있어요.

제3장 데이터 학습

2. 리스트 만들기

☑ 리스트 만드는 방법을 알아보세요.

속성 > 리스트 추가를 차례로 클릭합니다.

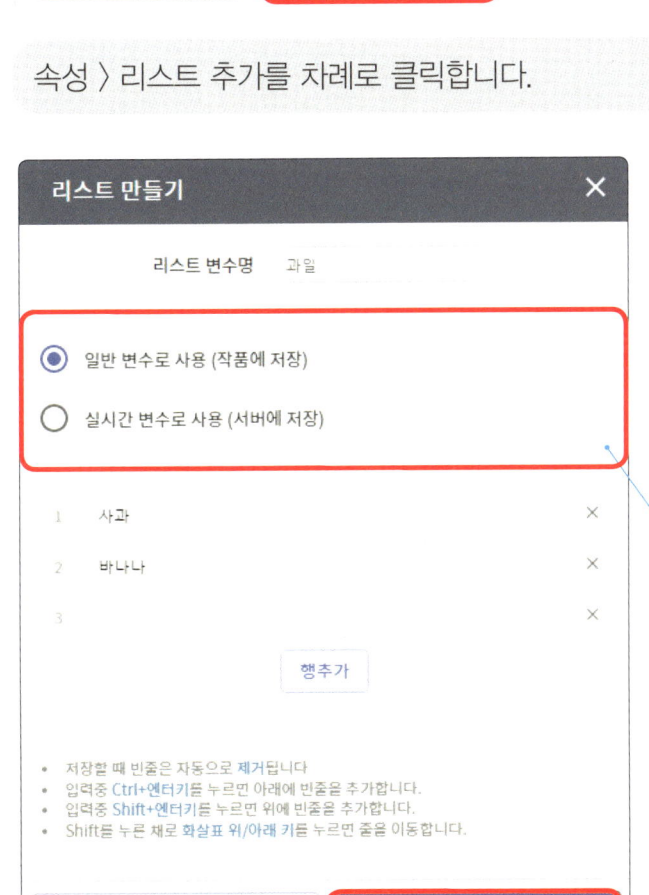

1. '리스트 변수명'에 리스트의 제목을 입력합니다.
2. 항목에 데이터를 입력합니다.
3. '저장' 버튼을 클릭합니다.

※ 입력할 데이터가 더 있으면 '행추가'를 클릭하여 행을 추가한 후 더 많은 데이터를 입력할 수 있어요.

> 리스트를 현재 작업하는 작품에 저장할 수도 있고, 서버에 저장할 수도 있어요. 여기서는 해당 작품에 저장해서 활용하기로 합니다.

왼쪽 창에서 내가 입력한 리스트를 확인할 수 있어요.

▼를 클릭하면 리스트의 항목을 볼 수 있으며, ✕를 클릭하면 리스트가 삭제됩니다.

83

AICE FUTURE 학습하기

3. 리스트 항목 입력하기

☑ 리스트의 제목과 내용을 수정해 보세요.

▲를 클릭하면 해당 작품에서 사용되는 전체 리스트 목록을 볼 수 있어요.

▼를 클릭하면 해당 리스트를 펼쳐 볼 수 있어요.

'편집'을 클릭하면 아래와 같은 수정 화면이 나타나고 리스트의 제목과 내용을 수정할 수 있어요.

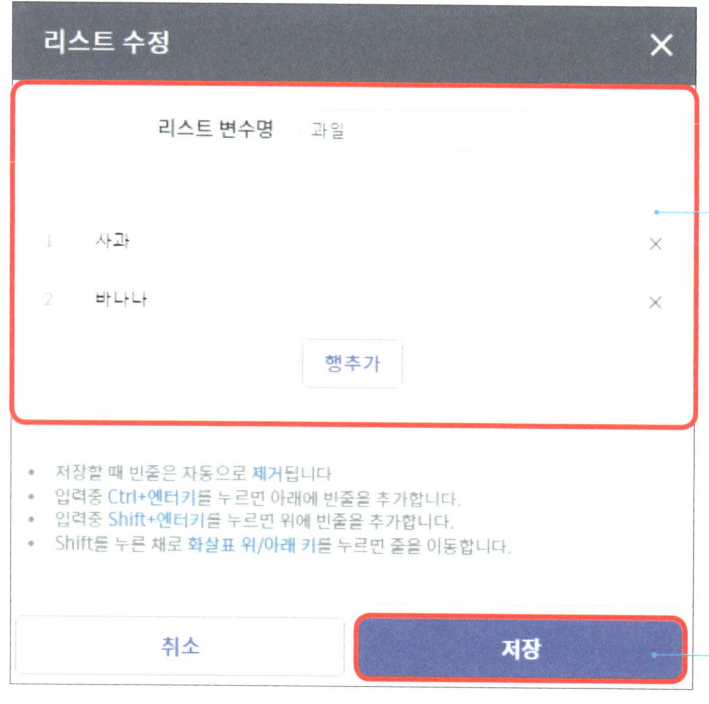

'리스트 수정' 화면에서 리스트의 제목과 내용을 추가하거나 삭제할 수 있어요.

수정 후에는 반드시 '저장' 버튼을 클릭하여야 수정된 내용이 저장됩니다.

제3장 데이터 학습

☑ **리스트에 있는 데이터인지 확인하는 코딩을 해 보세요.**

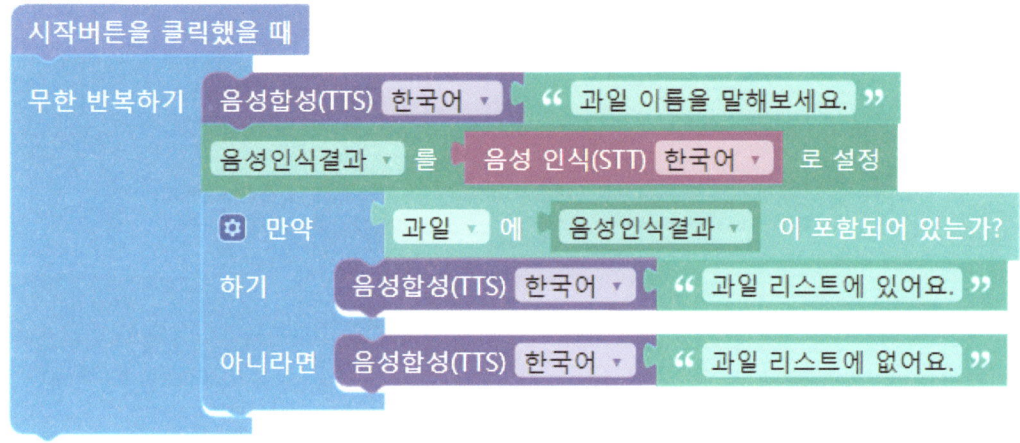

내가 말한 과일이 과일 리스트에 있는지 없는지 말해 줍니다.

☑ **리스트의 이름을 '좋아하는 과일'로 바꾸고 과일을 추가해 보세요.**

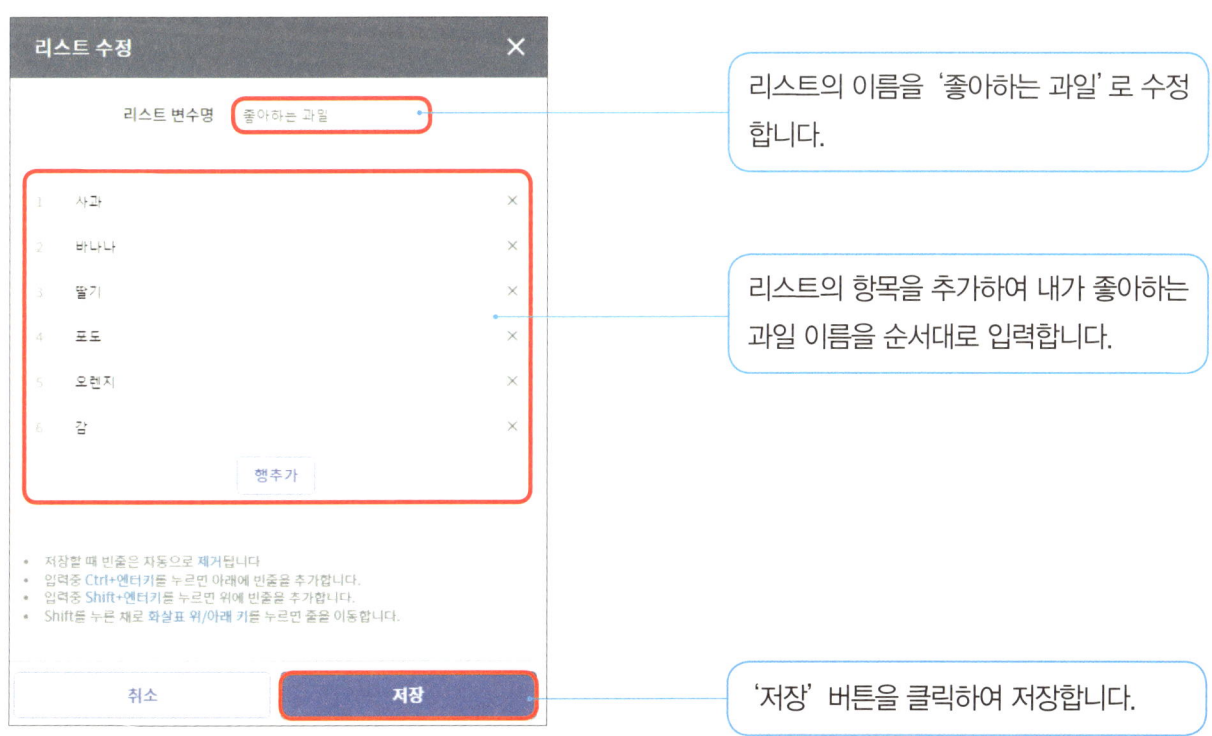

리스트의 이름을 '좋아하는 과일'로 수정합니다.

리스트의 항목을 추가하여 내가 좋아하는 과일 이름을 순서대로 입력합니다.

'저장' 버튼을 클릭하여 저장합니다.

AICE FUTURE 학습하기

4. 리스트를 활용하여 코딩하기

☑ 내가 좋아하는 과일을 맞히는 코딩을 해 보세요.

> 리스트 명령 블록들은 변수 카테고리에 있어요.

```
시작버튼을 클릭했을 때
무한 반복하기
    음성합성(TTS) 한국어 "내가 좋아하는 과일 이름을 맞혀봐."
    음성인식결과 를 음성 인식(STT) 한국어 로 설정
    만약 좋아하는 과일 에 음성인식결과 이 포함되어 있는가?
    하기 음성합성(TTS) 한국어 "맞아, 내가 좋아하는 과일이야."
    아니라면 음성합성(TTS) 한국어 "아니야, 다시 말해봐."
```

내가 말한 과일이 '좋아하는 과일' 리스트에 있는지 판단하여 반응하는 프로그램입니다.

☑ 리스트에 있는 데이터를 말해 주는 프로그램을 코딩해 보세요.

```
space 키를 눌렀을 때
음성합성(TTS) 한국어 "내가 가장 좋아하는 과일은"
음성합성(TTS) 한국어 문장 좋아하는 과일 의 1 번째 항목 에 글자 "입니다." (을)를 덧붙이기
음성합성(TTS) 한국어 "내가 두 번째로 좋아하는 과일은"
음성합성(TTS) 한국어 문장 좋아하는 과일 의 2 번째 항목 에 글자 "입니다." (을)를 덧붙이기
```

[리스트에 저장된 항목별 데이터를 말해 주는 프로그램]

```
space 키를 눌렀을 때
음성합성(TTS) 한국어 "내가 좋아하는 과일은"
항목 를 0 로 설정
무한 반복하기
    항목 를 항목 + 1 로 설정
    음성합성(TTS) 한국어 좋아하는 과일 의 항목 번째 항목
```

[리스트에 저장된 데이터를 순서대로 말해 주는 프로그램]

제3장 데이터 학습

☑ '집에 있는 과일' 리스트를 새로 추가하고 아래와 같이 코딩해 보세요.

위 프로그램을 실행하고 다양한 과일 이름을 말해 보세요. 내가 말한 과일 이름에 따라 지니의 대답이 달라지나요?

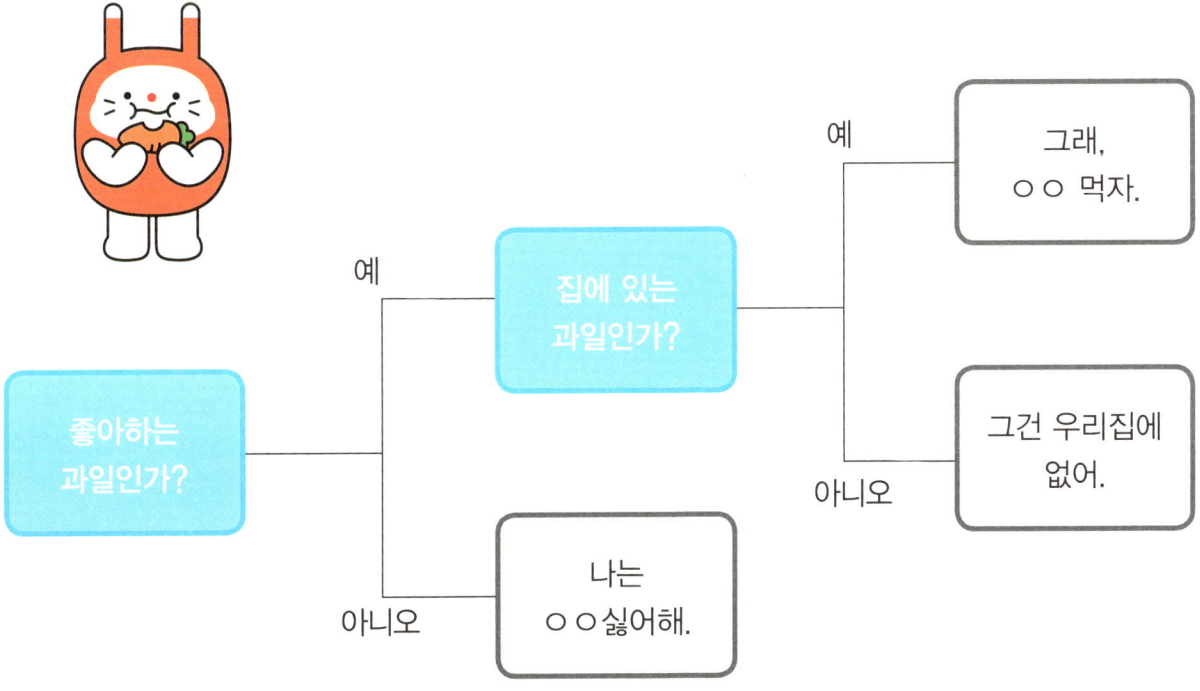

AICE FUTURE 학습하기

5. 음성으로 리스트 항목 추가하기

☑ 음성으로 리스트의 항목을 추가해 보세요.

과일 이름을 말하면 그 과일이 좋아하는 과일 리스트에 있는지 확인합니다. 만약 리스트에 있다면 있다고 음성 안내를 해 주고, 만약에 없다면 리스트에 차례로 추가해 줍니다.

☑ 좋아하는 과일 리스트에 내가 말한 과일 이름이 추가되었는지 확인해 보세요.

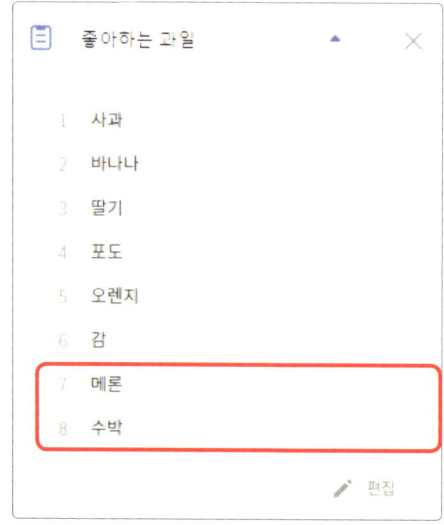

프로젝트 1

코디니와 함께하는 여행 이야기

리스트를 활용하여 코디니와 여행 이야기를 하는 프로그램을 만들어 보세요

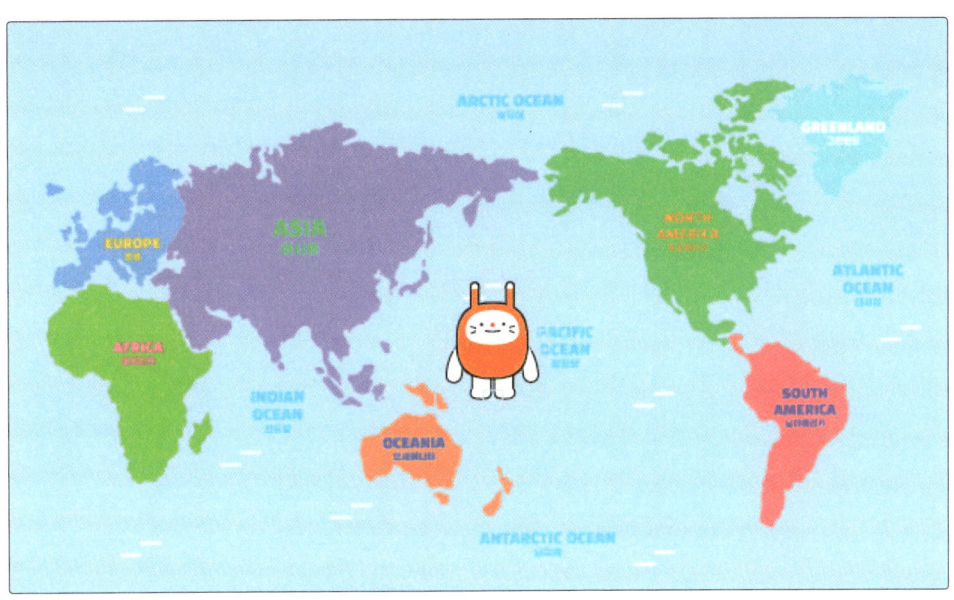

프로그램의 흐름

1. 코디니가 나에게 어디를 여행하고 싶은지, 가서 무엇을 하고 싶은지 묻는다.
2. 내가 대답을 하면 코디니가 자기가 가고 싶은 곳과 가서 무엇을 할지 말해 준다.

1. 코디니가 가고 싶어하는 장소와 하고 싶은 일들을 리스트에 입력하세요.

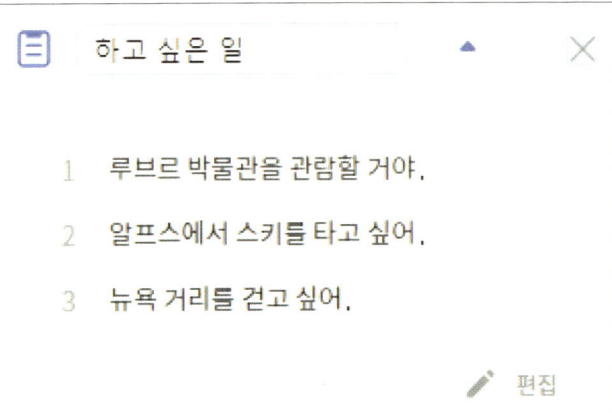

프로젝트1: 코디니와 함께하는 여행 이야기

2. 코디니가 나에게 가고 싶은 곳을 묻고 나는 가고 싶은 곳을 말합니다.

```
시작버튼을 클릭했을 때
음성합성(TTS) 한국어 ▼  " 안녕, 난 코디니라고 해. 오늘은 나랑 여행 이야기를 해 보자. "
음성합성(TTS) 한국어 ▼  " 너는 어디에 가고 싶니? "
음성인식결과 ▼ 를  음성 인식(STT) 한국어 ▼  로 설정
```

3. 내가 말한 여행지가 코디니의 리스트에 있으면 "나도 가고 싶은데."라고 말하고 코디니의 리스트에 없으면 다른 말을 하도록 코딩합니다.

```
만약  가고 싶은 곳 ▼ 에  음성인식결과 ▼  이 포함되어 있는가?
하기
    음성합성(TTS) 한국어 ▼  " 정말? 나도 거기 가고 싶은데. "
아니라면
    음성합성(TTS) 한국어 ▼  문장 " 그래? 너는 " 에 글자  음성인식결과 ▼  (을)를 덧붙이기
    음성합성(TTS) 한국어 ▼  " 에 가고 싶구나? "
```

4. 코디니가 가고 싶은 곳과 가서 하고 싶은 일을 차례대로 말합니다.

```
음성합성(TTS) 한국어 ▼  " 내가 제일 가고 싶은 곳은 "
음성합성(TTS) 한국어 ▼  문장  가고 싶은 곳 ▼ 의 1 번째 항목 에 글자 " 이야. " (을)를 덧붙이기
음성합성(TTS) 한국어 ▼  " 그곳에 가서 "
음성합성(TTS) 한국어 ▼  하고 싶은 일 ▼ 의 1 번째 항목
음성합성(TTS) 한국어 ▼  " 그 다음은 "
음성합성(TTS) 한국어 ▼  문장  가고 싶은 곳 ▼ 의 2 번째 항목 에 글자 " 에 가고 싶어. " (을)를 덧붙이기
음성합성(TTS) 한국어 ▼  " 그곳에 가서 "
음성합성(TTS) 한국어 ▼  하고 싶은 일 ▼ 의 2 번째 항목
음성합성(TTS) 한국어 ▼  " 그리고 "
음성합성(TTS) 한국어 ▼  문장  가고 싶은 곳 ▼ 의 3 번째 항목 에 글자 " 에도 가고 싶어. " (을)를 덧붙이기
음성합성(TTS) 한국어 ▼  " 그곳에 가서 "
음성합성(TTS) 한국어 ▼  하고 싶은 일 ▼ 의 3 번째 항목
```

> **프로젝트 2**

리스트를 활용하여 아는 사람 찾아보기

리스트를 활용하여 아는 사람을 찾아보는 프로그램을 만들어 보세요.

프로그램의 흐름

1. 지니를 부르면 나에게 찾고 싶은 사람이 있느냐고 묻는다.
2. 내가 대답을 하면 지니가 자기와 어떻게 아는 사람인지, 아니면 모르는 사람인지 리스트에서 찾아 말해 준다.

1. 〈가족〉, 〈친구〉, 〈그 외 아는 사람〉 리스트를 만들고 해당하는 사람의 이름을 입력하세요.

각자 리스트에 이름을 추가하고, 〈그 외 아는 사람〉 리스트도 만들어 추가해 보세요.

프로젝트2: 리스트를 활용하여 아는 사람 찾아보기

2. 사람 이름을 말하면 그 사람이 지니와 어떤 관계인지 아니면 모르는 사람인지 말해 주도록 코딩하려고 합니다. 판단 순서를 생각해 볼까요?

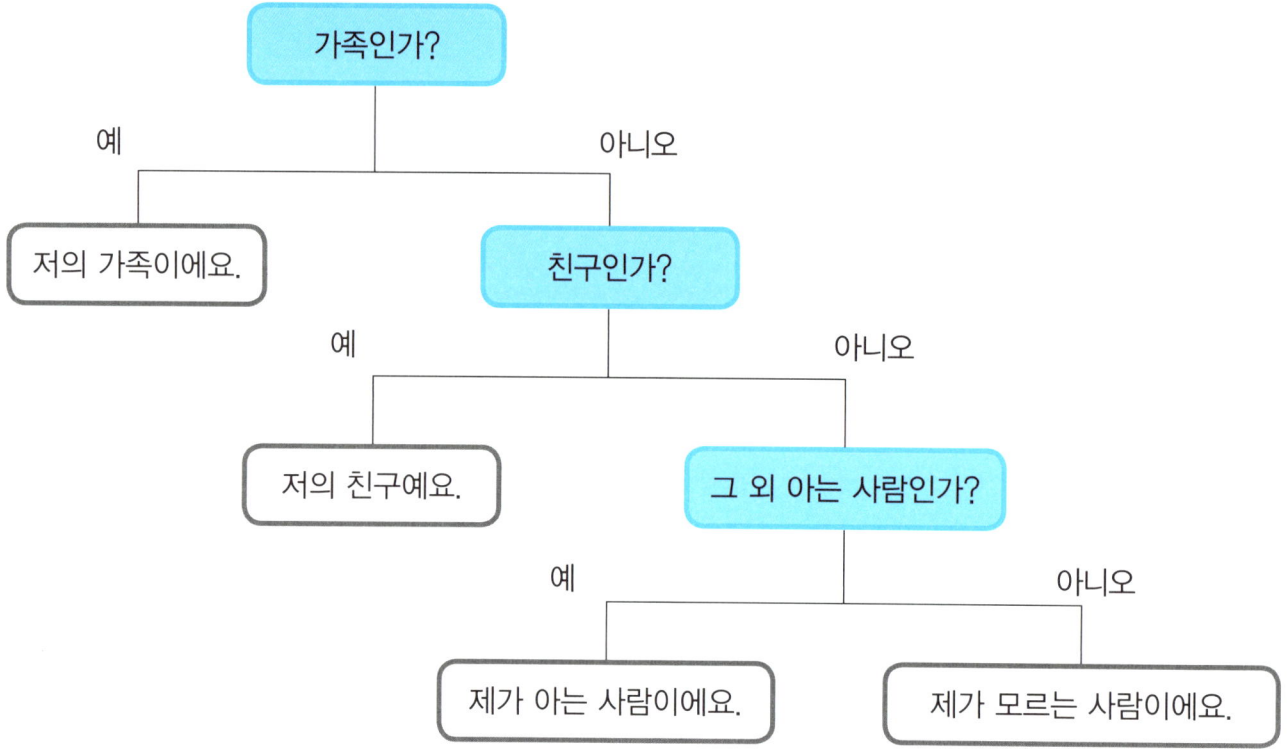

3. 위 순서도에 맞추어 코딩해 보세요.

프로젝트2: 리스트를 활용하여 아는 사람 찾아보기

스페이스 키를 누르면 내 친구가 몇 반인지 또 어떤 친구인지 말해 주도록 코드를 추가해 보세요.

☑ 앞에서 코딩한 프로그램에 친구의 반과 소개 리스트를 추가해 보세요.

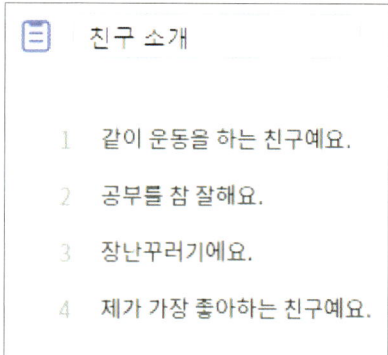

☑ 친구의 반을 말하고 소개하는 코딩을 해 보세요.

제3장 데이터 학습

3. 리스트와 반복문 활용하기

1. 반복문으로 리스트 항목 입력하기

for문 반복 블록을 사용하여 리스트 항목 추가하기

☑ 먼저 성적 리스트를 만들어 보세요.

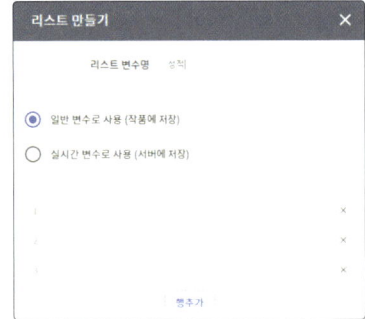

성적 리스트를 만들고 항목은 비워 둡니다.

☑ 다음과 같이 입력창에 성적을 입력할 수 있도록 코딩해 보세요.

성적 리스트에 입력이 잘 되었나요?

☑ 음성으로 리스트에 성적을 입력할 수 있도록 코딩해 보세요.

94

2. 리스트 항목 합계, 평균 구하기

for문 반복 블록을 사용하여 입력된 성적의 총점과 평균 구하기

☑ 총점을 구하는 코딩을 해 보세요.

> 리스트에 저장된 성적은 숫자가 아니라 문자 형태라는 점에 유의하세요.

☑ 스페이스 키를 눌렀을 때 알림창에 평균이 출력되도록 코딩을 추가해 보세요.

while문 반복 블록을 사용하여 입력된 성적의 총점과 평균 구하기

☑ 총점을 구하는 코딩을 해 보세요.

☑ 스페이스 키를 눌렀을 때 알림창에 평균이 출력되도록 코딩을 추가해 보세요.

AICE FUTURE 학습하기

3. 리스트 항목 출력하기

☑ 이름, 학교, 취미 리스트를 만들고 음성으로 항목을 채워 보세요.

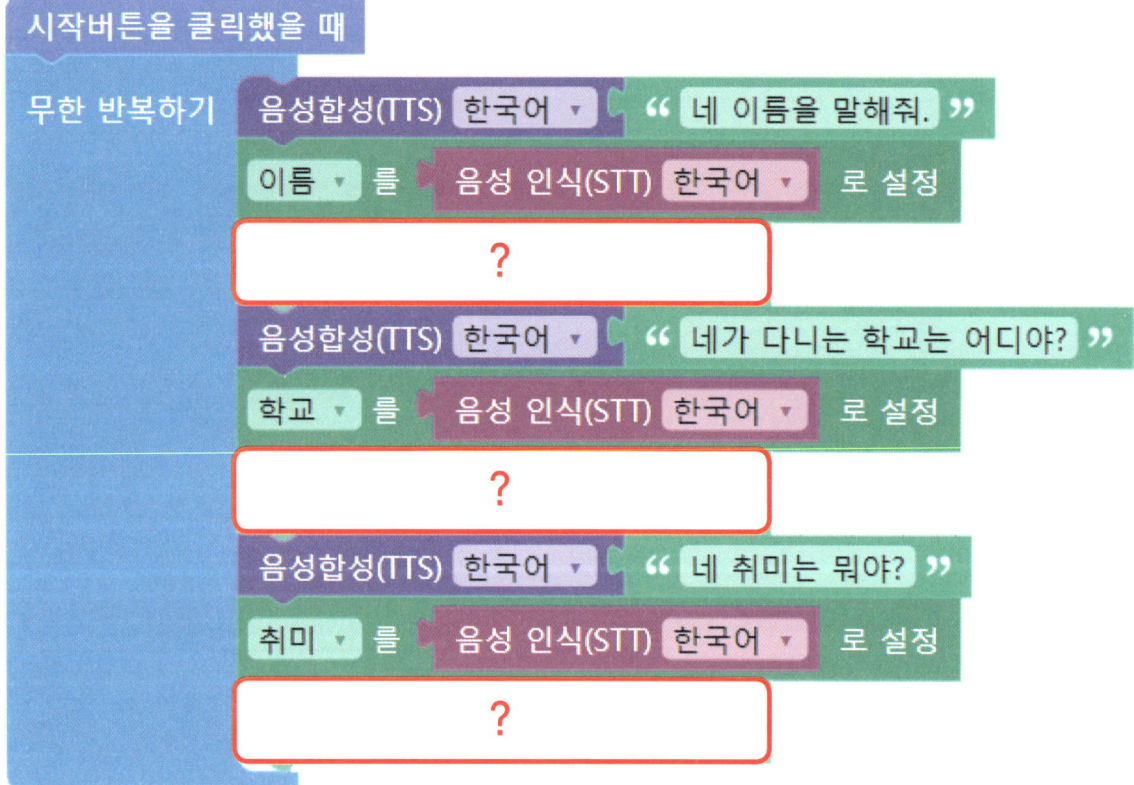

항목을 채운 후 리스트에 내용이 잘 등록되었는지 확인해 보세요.

제3장 데이터 학습

☑ 앞에서 입력한 이름, 학교, 취미를 차례로 말해 주도록 코딩해 보세요.

☑ 위의 프로그램과 똑같이 말해 주도록 while문 반복 블록을 사용해서 코딩해 보세요.

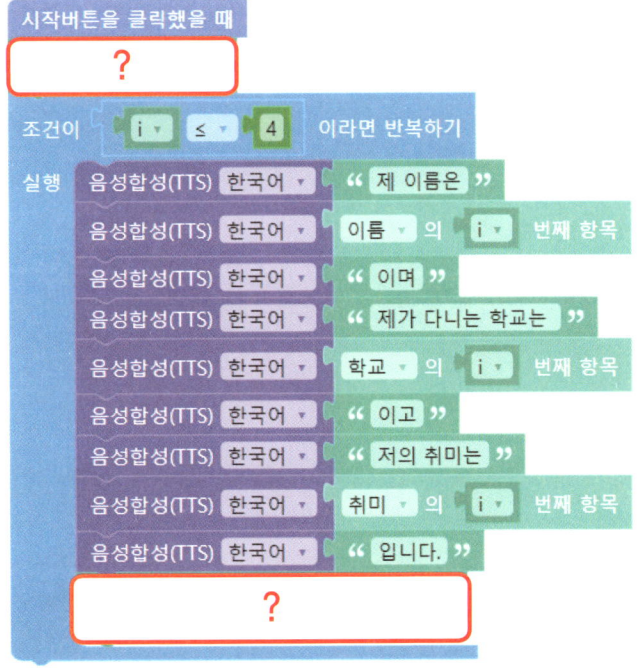

AICE FUTURE 학습하기

다음 과목별 성적을 리스트에 입력하고 총점과 평균을 구하는 코딩을 해 볼까요? 아래 빈칸을 채워 보세요.

과목	국어	영어	수학	사회	과학
성적	95	85	100	90	80

1. while문 반복 블록을 사용하여 코딩해 보세요.

2. for문 반복 블록을 사용하여 코딩해 보세요.

실전 문제

실전 문제 풀이 안내 각 문항에 주어진 블록을 활용하여 프로그램을 완성해 보세요.

- 〈문제 출제 블록〉(`-- 이 블록을 바꾸세요 --` , `?` 등)을 삭제하고, 그 자리에 아래 **주어진 블록만을 사용**하여 코딩합니다(다른 블록 사용 불가).
- 한 블록을 여러 번 사용할 수 있으며 블록 안의 문자, 숫자, 기호 등을 적절히 변경합니다.

1. 과일 이름을 말하면 여름 과일인지 가을 과일인지를 판별해 주는 코드를 완성하시오.

> 👉 **조건**
>
> 1. 다음과 같은 내용으로 '여름 과일'과 '가을 과일' 리스트를 추가한다.
>
>   리스트 변수명: 여름 과일
>
> | 1 | 참외 |
> |---|------|
> | 2 | 수박 |
> | 3 | 복숭아 |
>
>   리스트 변수명: 가을 과일
>
> | 1 | 사과 |
> |---|------|
> | 2 | 배 |
> | 3 | 감 |
>
> 2. 음성으로 과일 이름을 말하면 먼저 그 과일이 여름 과일인지 판별하여 여름 과일이면 "여름이 제철인 과일입니다"라고 말해 준다.
>
> 3. 여름 과일이 아닌 경우 가을 과일인지 판별하여 가을 과일이면 "가을이 제철인 과일입니다"라고 말해 준다.
>
> 4. 두 리스트에 없으면 "제철 과일 리스트에 없습니다."라고 말한다.

실전 문제

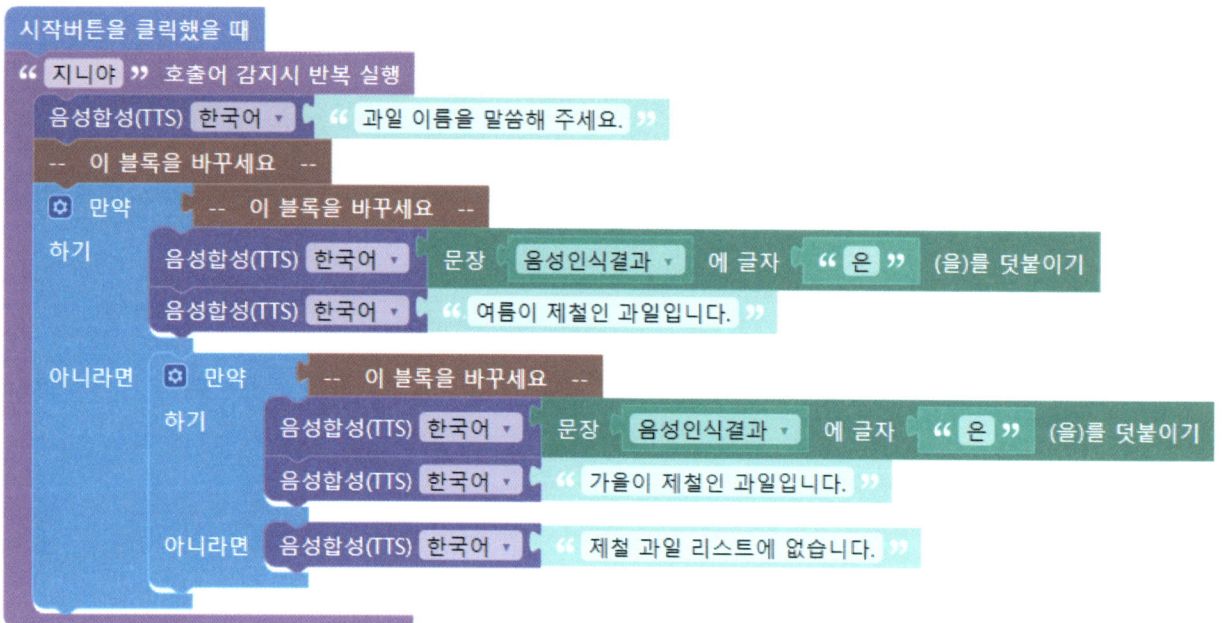

활용할 블록

실전 문제

2. 서울 지하철 2호선의 출발역과 도착역의 이름을 말하면 출발역에서 도착역까지의 역을 안내해 주는 코드를 완성하시오.

>  조건
>
> **1.** 다음과 같은 내용으로 '2호선' 리스트를 추가한다.
>
> 리스트 변수명: 2호선
>
> | 1 | 낙성대역 |
> |---|---------|
> | 2 | 사당역 |
> | 3 | 방배역 |
> | 4 | 서초역 |
> | 5 | 교대역 |
> | 6 | 강남역 |
>
> **2.** 음성으로 출발역과 도착역의 이름을 말하면 각각 다른 변수에 저장한다.
>
> **3.** '2호선' 리스트를 순회하며 리스트에서 입력받은 역 이름이 위치한 위치 값을 변수(i)에 저장한다.
>
> **4.** 저장된 위치 값을 이용해서 출발역부터 도착역까지 역의 이름을 순서대로 안내한다.

실전 문제

```
시작버튼을 클릭했을 때
음성합성(TTS) 한국어 " 출발역에서 도착역까지 안내해드립니다. "
" 지니야 " 호출어 감지시 반복 실행
    음성합성(TTS) 한국어 " 출발할 역의 이름을 말씀해 주세요. "
    음성인식결과 를 음성 인식(STT) 한국어 로 설정
    출발역 를 음성인식결과 로 설정
    음성합성(TTS) 한국어 " 도착할 역의 이름을 말씀해 주세요. "
    음성인식결과 를 음성 인식(STT) 한국어 로 설정
    도착역 를 음성인식결과 로 설정
    for 1 ≤ i ≤ 6
    do  만약 출발역 = -- 이 블록을 바꾸세요 --
        하기 출발역 위치 를 i 로 설정

        만약 도착역 = -- 이 블록을 바꾸세요 --
        하기 도착역 위치 를 i 로 설정

    for ? ≤ i ≤ ?
    do  음성합성(TTS) 한국어 -- 이 블록을 바꾸세요 --
    음성합성(TTS) 한국어 " 으로 운행합니다. "
```

✌ 활용할 블록

102

AICE FUTURE 학습하기

제4장

정보 활용 AI 코딩

1. API란?
2. API를 활용한 코딩

제4장 정보 활용 AI 코딩

1. API란?

1. 생활 속의 API

인공지능은 우리에게 필요한 정보를 어떻게 제공해 줄까요?

제4장 정보 활용 AI 코딩

API란 무엇일까요?

API(Application Programming Interface)란 프로그램과 프로그램을 연결해 주는 다리(매개체) 같은 것입니다. API를 사용하면 다른 프로그램이나 시스템에서 내가 원하는 기능을 불러와 이용할 수 있어 편리해요.

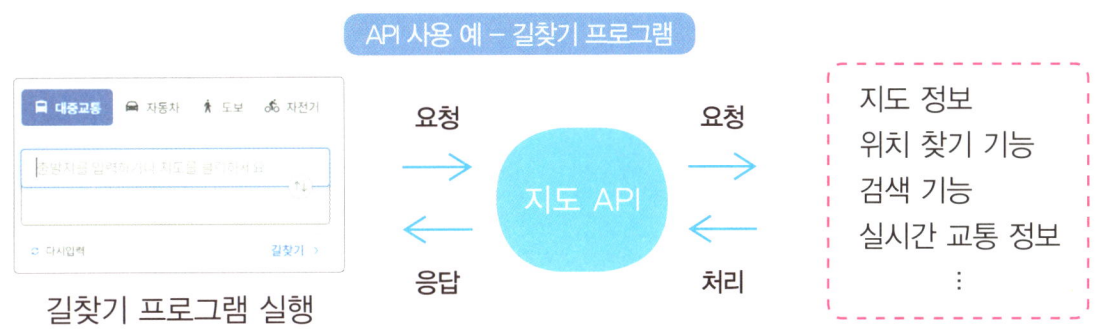

 Tip 우리가 지니에서 사용하는 음성인식, 음성합성, 인공지능 비서 같은 기술도 API를 활용한 것입니다. AI Codiny 사이트에서 명령 블록을 실행하면 인공지능 서버와 연결된 API가 이러한 기술을 사용할 수 있게 해 줍니다.

API 정보 블록

세상에는 날씨, 미세먼지, 뉴스, 지도, 지역 행사 등 많은 정보가 있습니다. 정부나 기업에서는 여러 가지 정보들을 수집하고 관리하는데, 이 정보들을 누구나 활용할 수 있도록 API의 형태로 제공하고 있어요. 우리는 원하는 정보를 API에 요청하고 데이터를 받아서 사용할 수 있습니다.

AI Codiny 에서 API 정보 블록을 사용하면 다른 곳에서 제공하는 정보를 가져와 코딩에 활용할 수 있습니다. 예를 들어 KT AI Codiny 사이트와 기상청을 이어 주는 API로 미세먼지 수치나 날씨 정보를 가져올 수 있지요.

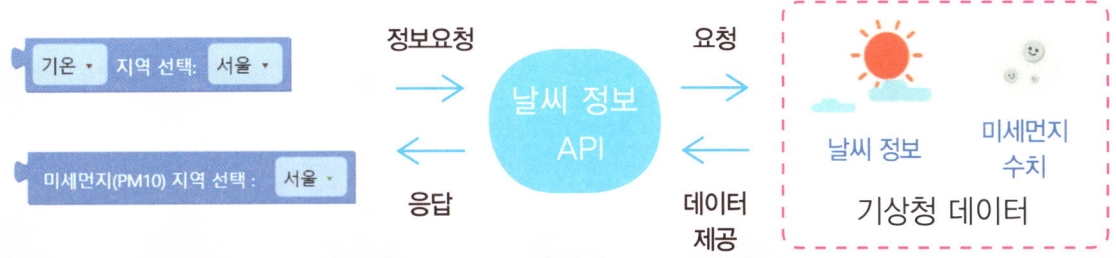

105

제4장 정보 활용 AI 코딩

2. API를 활용한 코딩

1. 동네 별 일기예보

☑ 정보 블록 카테고리에서 `기온▼ 지역 " 서울 "` 명령 블록을 찾아 아래와 같이 코딩해 보세요. 프로그램을 실행해 볼까요?

```
시작버튼을 클릭했을 때
음성합성(TTS) 한국어▼ " 현재 서울의 기온은 "
음성합성(TTS) 한국어▼ 기온▼ 지역 " 서울 "
```

- 다른 기상 정보로 변경하고 다시 실행해 보세요.
- 다른 지역 이름을 입력하고 다시 실행해 보세요.

입력한 지역의 기상 정보를 알려 주는 스크립트입니다. 기상청에서 만든 기상 정보 API에서 내가 선택한 지역의 데이터를 찾아 알려 줍니다.

Tip 날씨 정보가 제공되는 지역은 제주, 세종, 전국의 광역시, 도 중에 선택할 수 있어요. 지역은 '시' 와 '도' 를 제외하고 지역 이름만 입력해야 합니다. 지역 이름을 잘못 입력하면 날씨 정보를 찾을 수 없어요.
예) 서울특별시 '서울' 입력 / 부산광역시 '부산' 입력 / 경기도 '경기' 입력

☑ 명령 블록을 추가하여 아래와 같이 코딩하고 실행해 보세요. 내가 살고 있는 지역의 이름을 말해 보세요. 지니가 현재 날씨를 맞게 알려 주나요?

```
시작버튼을 클릭했을 때
음성합성(TTS) 한국어▼ " 현재 살고있는 지역을 말씀해 주세요. "
음성인식결과▼ 를 음성 인식(STT) 한국어▼ 로 설정
음성합성(TTS) 한국어▼ " 오늘의 날씨는 "
음성합성(TTS) 한국어▼ 하늘▼ 지역 음성인식결과▼
```

- '시'와 '도'를 제외하고 우리 지역의 이름을 말해 보세요.
- 내가 말한 지역의 날씨를 찾아 말해 줘요.

데이터 값 판단하기

☑ 아래와 같이 스크립트를 변경하고 프로그램을 실행해 보세요. "울릉도", "종로구", "설악산" 등 날씨 정보가 없는 지역 이름을 말하면 지니가 어떤 대답을 하나요?

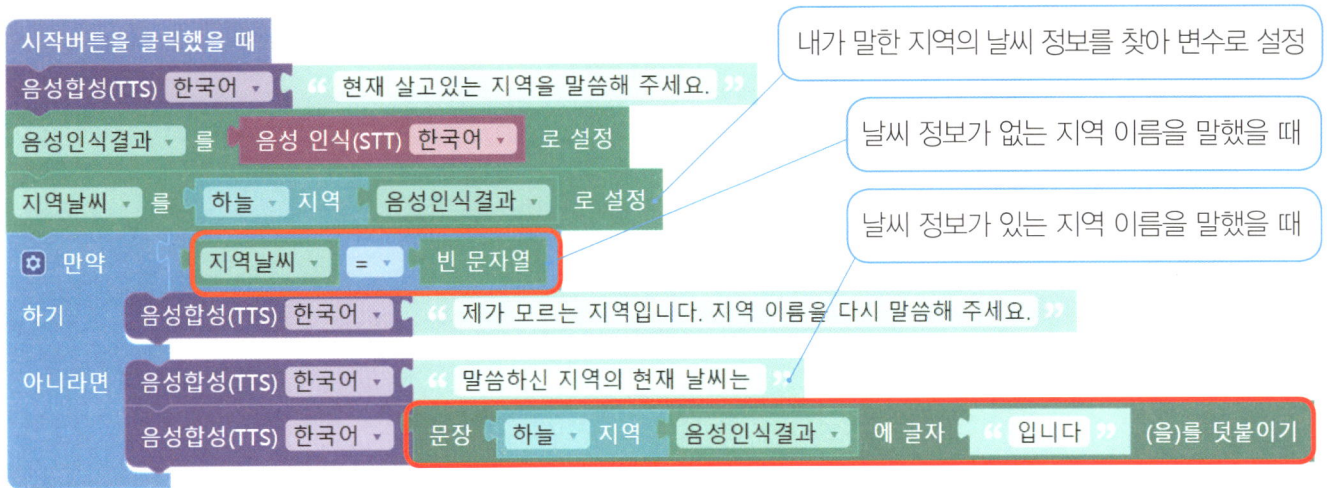

날씨 정보 API에 없는 지역은 데이터가 없어 지니가 대답을 할 수 없습니다.

문자열 찾기

☑ 아래와 같은 프로그램을 코딩한 후 실행해 보세요. 지니에게 어떤 질문을 하면 날씨를 말해 주나요?

"오늘 날씨가 궁금해"라고 말해 보세요. 지니가 대답을 하나요?
만약 "오늘 날씨를 알려 줘"라고 말하면 어떻게 되나요?

정해진 문장을 말했을 때만 지니가 대답할 수 있는 프로그램입니다.

AICE FUTURE 학습하기

☑ **앞의 프로그램을 아래와 같이 변경한 후 프로그램을 실행해 보세요.**

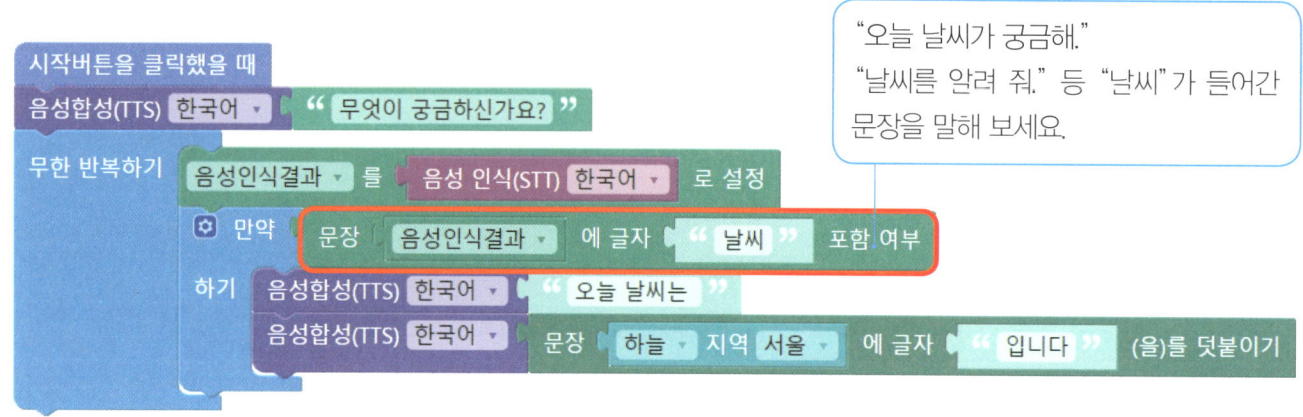

사람이 어떤 말을 하든 "날씨"라는 단어가 들어간 문장을 말하면 지니가 오늘 날씨를 알려 주는 프로그램입니다.

문장을 분석하여 특정 문자가 포함되어 있는지 찾아내는 명령입니다.
이 명령을 실행하면 문장 ❶ 안에 ❷ 라는 글자가 들어 있는지 아닌지 판단할 수 있어요.

 Tip 문자열 찾기를 언제 사용하면 좋을까요?

사람들은 말이나 글로 표현을 할 때, 같은 의미라 할지라도 다양하게 표현합니다. 예를 들어 오늘 날씨를 묻는 표현은 "오늘 날씨 어때?", "오늘 날씨 좀 알려 줘.", "오늘 날씨를 알려 줄래?"와 같이 다양합니다.
기계는 이렇게 다양한 표현의 의도를 정확히 이해하고 같은 의미로 파악할 수 있을까요? 바로 '문자열 찾기'를 통해 사람이 한 말 중 특정 키워드가 있는지 분석하면 사람의 의도를 파악할 수 있습니다. 예를 들어 사람이 한 말에 "오늘"이나 "날씨"와 같은 키워드가 들어 있다면 기계는 사람이 '오늘의 날씨'를 묻는 것으로 판단할 수 있지요.

프로젝트 1

날씨를 알려 주는 AI 프로그램

궁금한 지역의 기상 정보를 알려 주는 날씨봇 프로그램을 만들어 보세요.

프로그램의 흐름

1. 호출어를 부른 후 날씨, 비 올 확률, 기온, 습도, 미세먼지 등 궁금한 기상 정보를 물어본다.
2. 지니가 어떤 지역에 대한 정보를 알고 싶은지 묻는다.
3. 궁금한 지역 이름을 말하면 지니가 해당하는 지역의 기상 정보를 알려 준다.

조건 API 정보 블록을 활용하여 지니가 실시간 기상 정보를 알려 주도록 한다.

1. 호출어를 부르면 날씨봇 지니가 내 말을 알아들을 수 있도록 코딩해 보세요.

```
시작버튼을 클릭했을 때
음성합성(TTS) 한국어 "안녕하세요? 날씨를 알려주는 로봇 지니입니다."
음성합성(TTS) 한국어 "지니야를 부른 후 궁금하신 내용을 물어보세요."
"지니야" 호출어 감지시 반복 실행
    [ ? ]
```

[?] → 음성인식결과 ▼ 를 음성 인식(STT) 한국어 ▼ 로 설정

프로젝트1: 날씨를 알려 주는 AI 프로그램

2. 날씨에 대해 물어보면 지니가 어느 지역의 날씨가 궁금한지 지역 이름을 묻도록 코딩해 볼까요?

내가 한 말 중 "날씨"라는 단어가 있으면 날씨를 물어보는 문장으로 인식해요.

3. 지역 이름을 말하면 지니가 해당하는 지역의 날씨를 알려 주도록 코딩해 보세요.

내가 말한 지역 이름을 〈지역 이름〉 변수로 정해요.

〈지역 이름〉 변수에 맞는 날씨 정보를 찾아요.

110

프로젝트1: 날씨를 알려 주는 AI 프로그램

4. 지니를 부른 후 "비"에 대해 물어보면 지니가 비 올 확률을 알려 주도록 스크립트를 추가해 보세요.

지니야, 오늘 비 와?

말씀하신 지역의 강수 확률은 30%입니다.

```
시작버튼을 클릭했을 때
음성합성(TTS) 한국어 " 안녕하세요? 날씨를 알려주는 로봇 지니입니다. "
음성합성(TTS) 한국어 " 지니야를 부른 후 궁금하신 내용을 물어보세요. "
" 지니야 " 호출어 감지시 반복 실행
    음성인식결과 를 음성 인식(STT) 한국어 로 설정
    만약  문장 음성인식결과 에 글자 " 날씨 " 포함 여부
    하기
        음성합성(TTS) 한국어 " 어느 지역의 날씨를 알려드릴까요? "
        음성합성(TTS) 한국어 " 지역 이름을 말해보세요. "
        지역 이름 를 음성 인식(STT) 한국어 로 설정
        음성합성(TTS) 한국어 " 말씀하신 지역의 현재 날씨는 "
        음성합성(TTS) 한국어  문장 기온 지역 지역 이름 에 글자 " 입니다. " (을)를 덧붙이기
    만약  문장 음성인식결과 에 글자 " 비 " 포함 여부
    하기
        음성합성(TTS) 한국어 " 비 올 확률을 알려드릴게요. "
        음성합성(TTS) 한국어 " 궁금하신 지역 이름을 말해보세요. "
        지역 이름 를 음성 인식(STT) 한국어 로 설정
        음성합성(TTS) 한국어 " 말씀하신 지역에 비가 올 확률은 "
        음성합성(TTS) 한국어  문장 강수확률 지역 지역 이름 에 글자 " 입니다. " (을)를 덧붙이기
```

"비"라는 말이 포함된 질문을 했을 때

내가 말한 지역의 비가 올 확률을 찾아 말해 줘요.

궁금한 지역 이름을 말해 보세요.

프로젝트1: 날씨를 알려 주는 AI 프로그램

5. 이어서 기온과 습도를 알려 주는 스크립트를 추가해 보세요.

 지니야, 오늘 기온은?

말씀하신 지역의 기온은 16℃, 낮 최고 기온은 22℃입니다.

앞에서 코딩한 스크립트를 복제한 후 필요한 부분만 수정하세요.

- "기온"이라는 말이 포함된 질문을 했을 때
- 내가 말한 지역의 기온
- 내가 말한 지역의 낮 최고기온

 지니야, 현재 습도를 알려 줘.

해당 지역의 습도는 38%입니다.

- "습도"라는 말이 포함된 질문을 했을 때

6. 프로그램을 실행해 보세요. 지니를 부른 후 알고 싶은 기상 정보를 물어보세요.

프로젝트1: 날씨를 알려 주는 AI 프로그램

지니가 미세먼지와 초미세먼지에 대한 정보를 알려 주고 미세먼지 상태에 따라 조언을 해 주도록 스크립트를 추가해 보세요.

지니야, 미세먼지는 어때?

미세먼지 등급	
좋음	0~30
보통	31~80
나쁨	81~150
매우나쁨	151~

정보 블록을 추가하여 날씨봇 지니를 더욱 발전시켜 보세요. 어떤 정보 블록을 활용하면 지니가 더 똑똑해질까요?

? → 30 < 미세먼지 그리고 미세먼지 < 81   "창문을 닫아주세요."

113

AICE FUTURE 학습하기

1. 다음 빈칸에 공통으로 들어갈 말은 무엇인가요?

AI Codiny에서 (   )정보 블록을 사용하면 다른 곳에서 제공하는 정보를 가져와 코딩에 활용할 수 있습니다. 예를 들어 AI Codiny와 기상청을 연결하는 (   )로 미세먼지 수치나 날씨 정보를 가져올 수 있습니다.

(   )

2. 다음 코드는 지역을 말하면 해당 지역의 날씨를 알려 주는 프로그램입니다. 빈칸에 들어갈 코드는 무엇인가요?

"말씀하신 지역의 날씨는 맑음입니다."

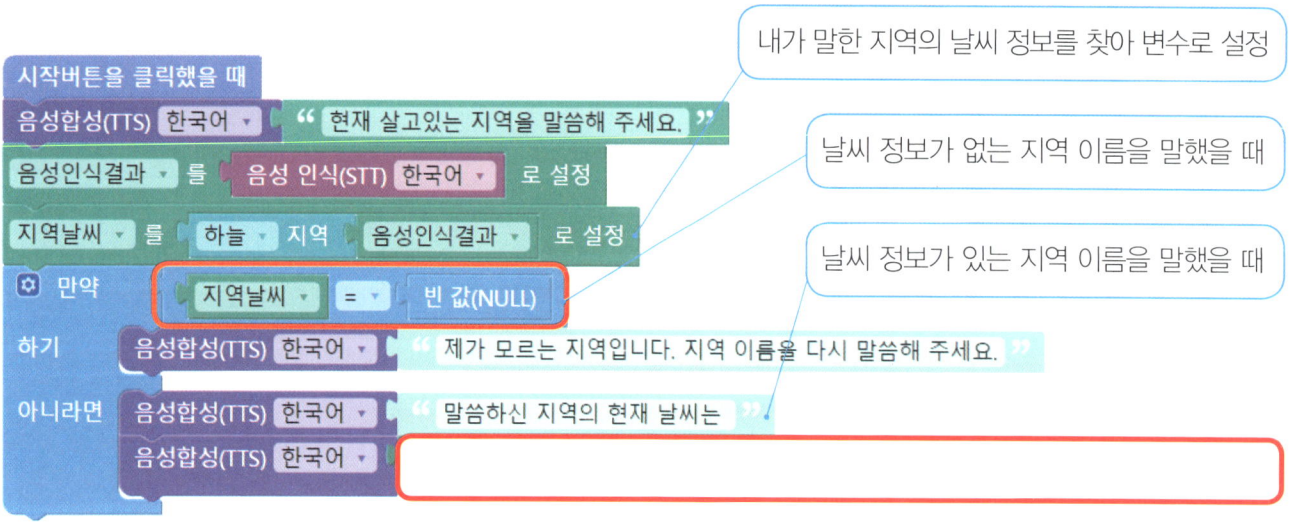

정답: 1. API 2. 음성 〮 한국어 〮 에 날씨 〮 지역 〮 음성인식결과 〮 (동)를 입력하기

AICE FUTURE 학습하기

제5장

다양한 AI 코딩하기

1. 자동 번역 시스템 코딩하기
2. 영상 인식과 이미지 인식
3. 머신러닝 기초

제5장 다양한 AI 코딩하기

1. 자동 번역 시스템 코딩하기

1. 다양한 언어들과 번역

서로 사용하는 언어가 다른 사람과는 어떻게 대화할 수 있을까요?

☑ **인공지능은 어떻게 다른 언어로 번역을 해 줄 수 있나요?**

인공지능은 수많은 언어를 딥러닝으로 학습하여 우리가 번역을 원하는 언어나 내용을 알려 주면 그에 맞는 언어로 번역을 해 줍니다. 번역한 내용을 음성합성으로 변환하면 음성으로 통역까지 해 주게 되지요.

제5장 다양한 AI 코딩하기

2 번역 명령 블록

☑ 인공지능 카테고리에서 아래와 같은 명령 블록을 찾아보세요.

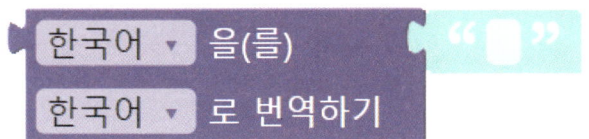

선택한 언어를 다른 언어로 번역해 주는 명령 블록입니다.

☑ 아래와 같이 코딩한 후 프로그램을 실행해 보세요. 알림창에 어떤 말이 나타나나요?

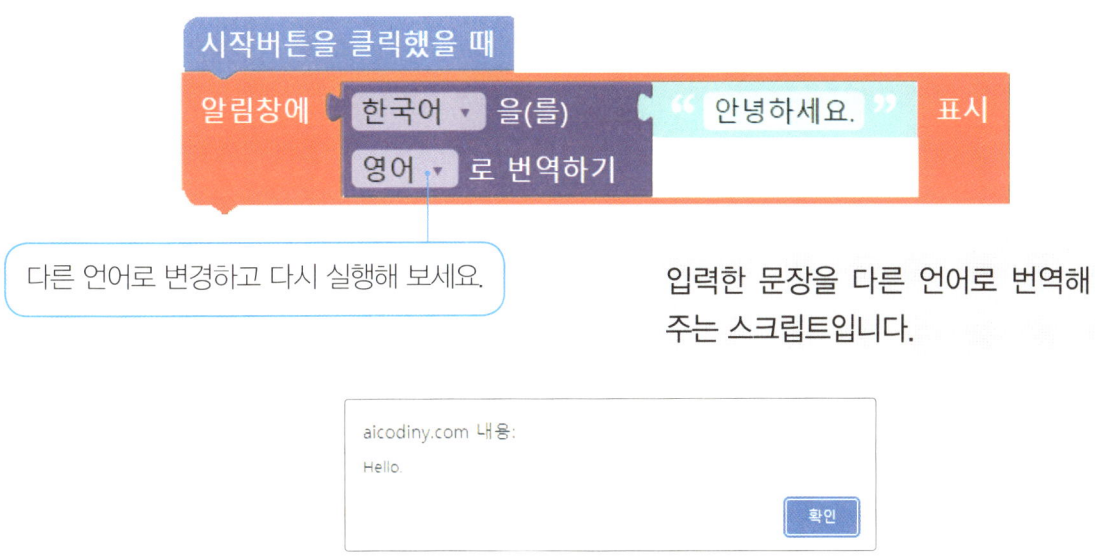

다른 언어로 변경하고 다시 실행해 보세요.

입력한 문장을 다른 언어로 번역해 주는 스크립트입니다.

☑ 번역 명령 블록을 [음성합성(TTS) 한국어 " "] 명령 블록과 결합한 후 아래와 같이 코딩해 보세요.

```
시작버튼을 클릭했을 때
음성합성(TTS) 영어(미국) ▼   한국어 ▼ 을(를)  "안녕하세요. 저는 지니입니다."
                          영어 ▼ 로 번역하기
```

번역한 문장을 지니가 소리내어 말해 주는 스크립트입니다. 번역할 언어와 음성합성 언어를 똑같이 정하면 지니가 더 정확한 발음으로 번역한 문장을 읽어 줍니다. 코디니는 미국식 영어와 영국식 영어를 구분하여 말해 줍니다.

AICE FUTURE 학습하기

3. 번역, 통역 프로그램 코딩하기

외국어 문장 번역하기

☑ 아래와 같이 외국어 문장을 한국어로 번역하도록 스크립트를 수정해 보세요. 프로그램을 실행해 볼까요?

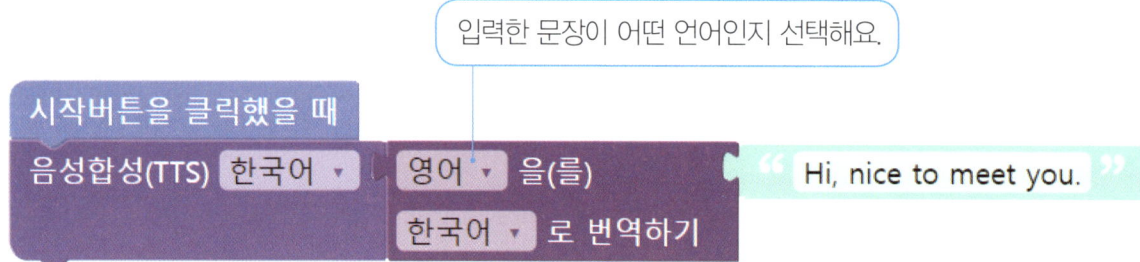

음성인식 언어 번역

☑ 아래와 같이 코딩하고 프로그램을 실행해 보세요. 내가 말한 문장을 지니가 외국어로 번역해 주나요?

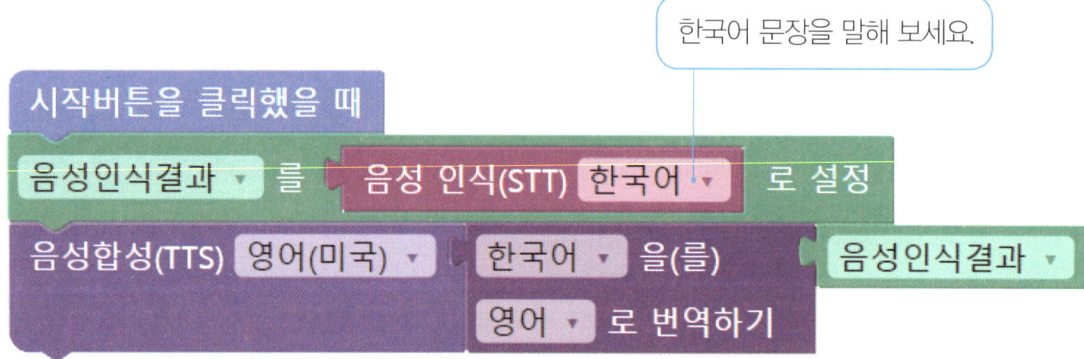

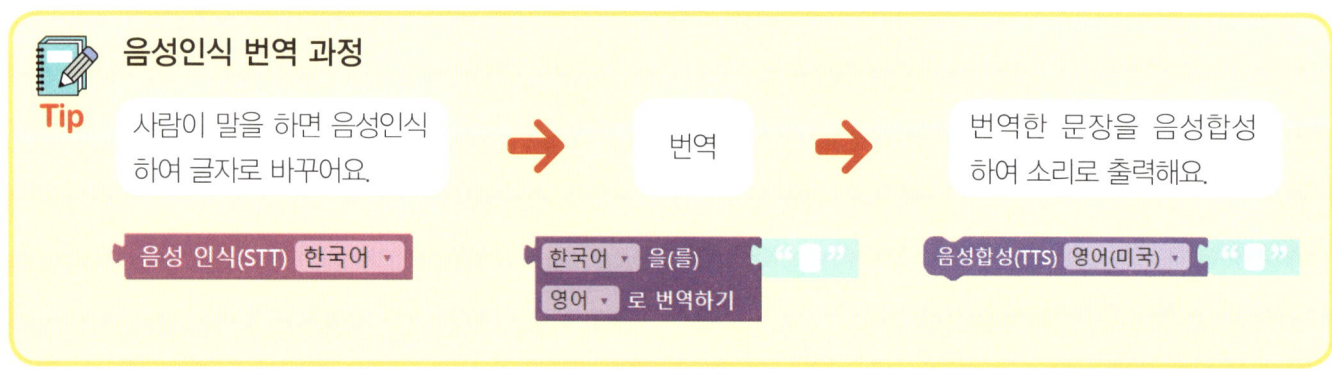

외국어 음성인식 번역

☑ 아래와 같이 스크립트를 수정한 후 실행해 보세요. 영어로 된 문장을 말해 볼까요? 지니가 한국어로 잘 번역해 말해 주나요?

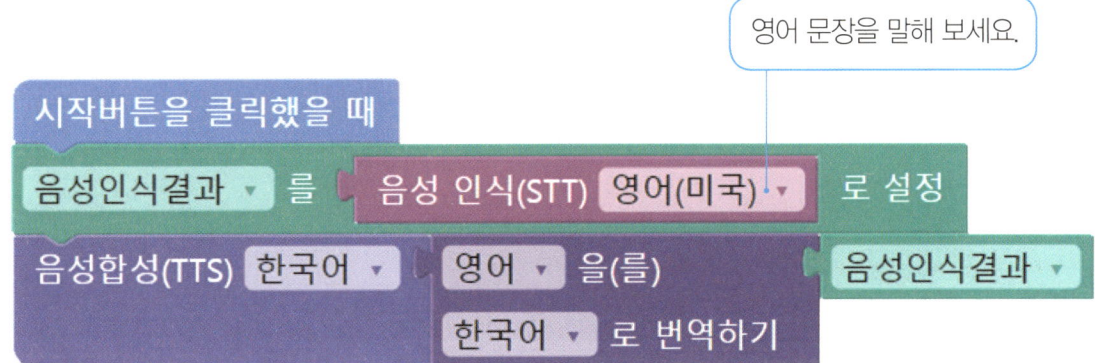

영어 문장을 말해 보세요.

음성인식을 할 언어를 선택할 수 있습니다. 알고 있는 외국어를 선택한 후 선택한 언어로 문장을 말해 보세요.

프로젝트 1

자동 번역 AI 프로그램

내가 말하는 문장을 외국어로 번역해 말해 주는 번역 로봇 지니를 만들어 보세요.

프로그램의 흐름

1. 지니가 어떤 언어로 번역을 원하는지 물어본다.
2. 번역을 원하는 언어를 말하면 해당 언어로 번역하는 프로그램이 실행된다.
3. 한국어로 문장을 말하면 지니가 선택한 외국어로 번역해 말해 준다.

조건 한국어 문장을 말하면 지니가 외국어로 번역한다.

1. 번역 로봇을 만들기 위해 무엇이 필요할까요?

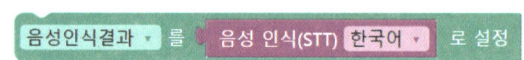

사람이 하는 말을 지니가 듣고 인식하는 명령

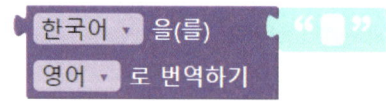

문장을 다른 언어로 번역해 주는 명령

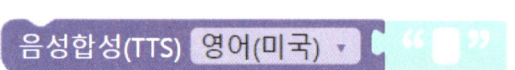

번역한 문장을 소리내어 말해 주기 위한 명령

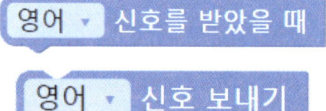

선택한 언어에 맞는 번역 프로그램이 실행되게 하는 명령

프로젝트1: 자동 번역 AI 프로그램

2. 번역 로봇 지니가 자신을 소개하고 사용 방법을 안내하도록 코딩해 보세요.

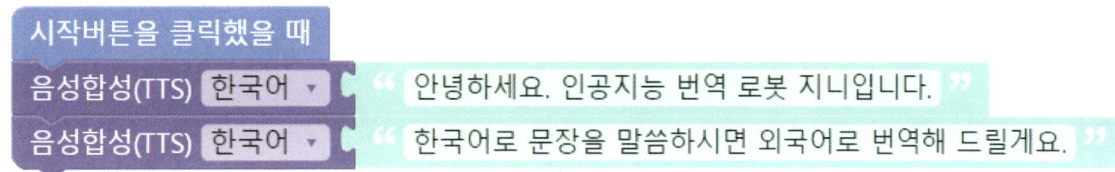

3. 지니가 어떤 언어로 번역하고 싶은지 묻고 내 대답을 기다리도록 이어서 코딩해 보세요.

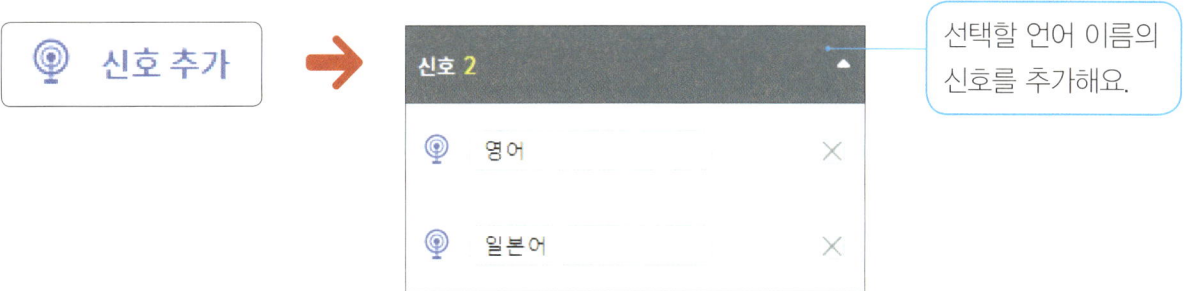

4. 내가 선택한 외국어에 따라 각각 다른 스크립트가 실행되도록 코딩해 보세요.

선택할 언어 이름의 신호를 추가해요.

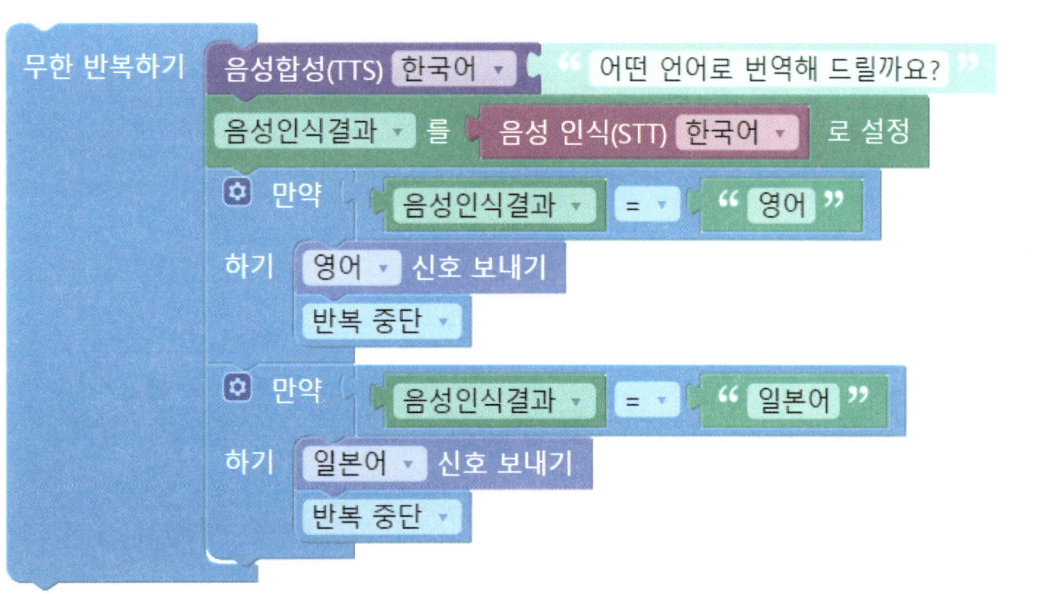

프로젝트1: 자동 번역 AI 프로그램

5. 번역할 언어를 선택할 때 "영어"라고 말하면 내가 말하는 한국어를 영어로 번역하는 스크립트가 실행되도록 해 보세요.

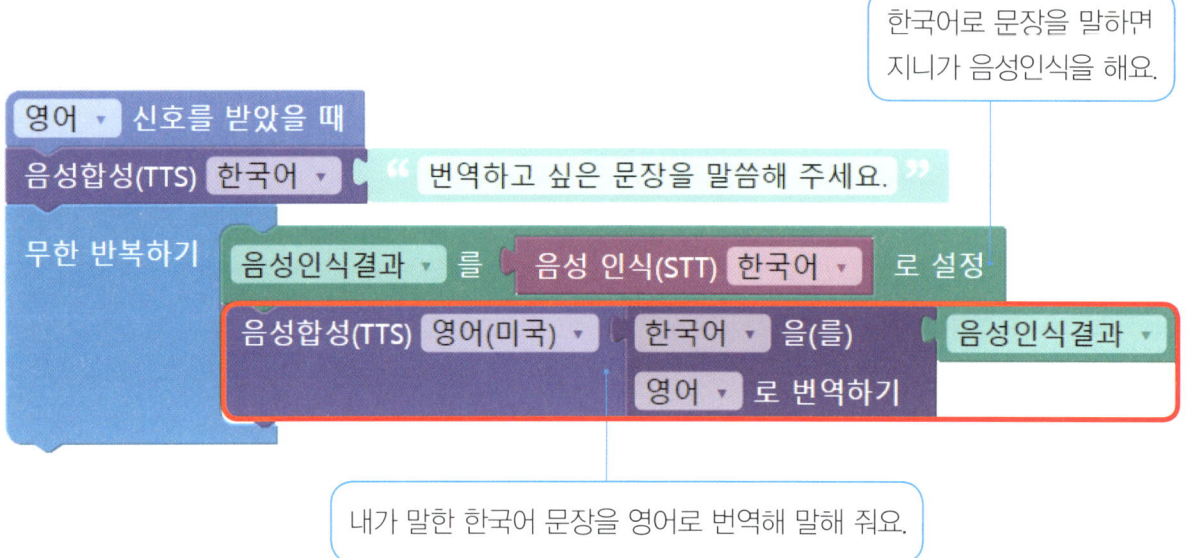

6. 만약 번역할 언어로 "일본어"라고 말하면 한국어를 일본어로 번역하는 스크립트가 실행되도록 코딩해 보세요.

내가 말한 한국어 문장을 일본어로 번역해 말해 줘요.

번역할 외국어가 정확하게 선택되도록 주의하여 코딩하세요.

프로젝트1: 자동 번역 AI 프로그램

7. 프로그램을 실행해 보세요. 지니가 번역을 잘 해 주나요?

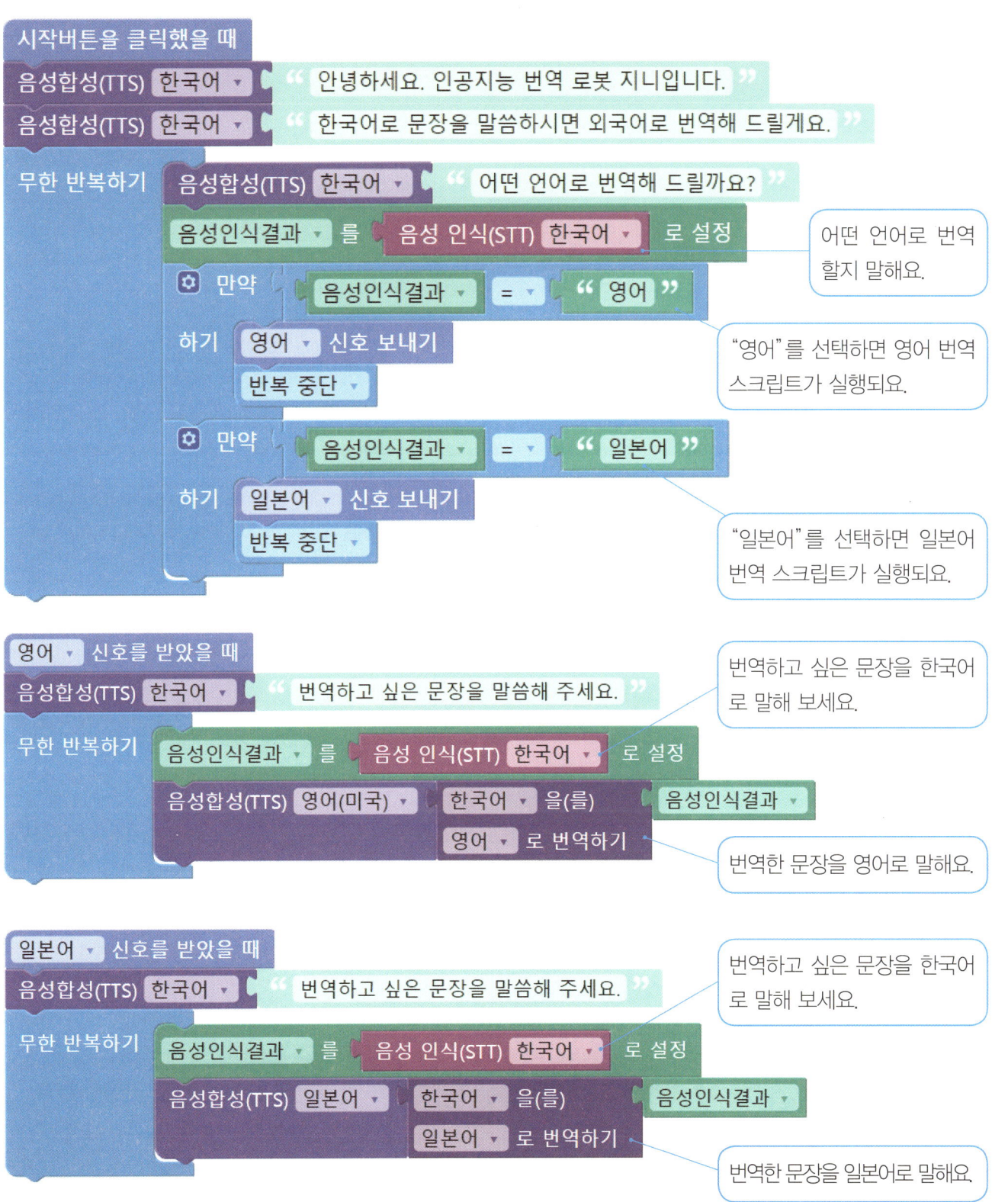

프로젝트1: 자동 번역 AI 프로그램

지니가 더 많은 언어를 번역할 수 있도록 스크립트를 추가해 보세요.

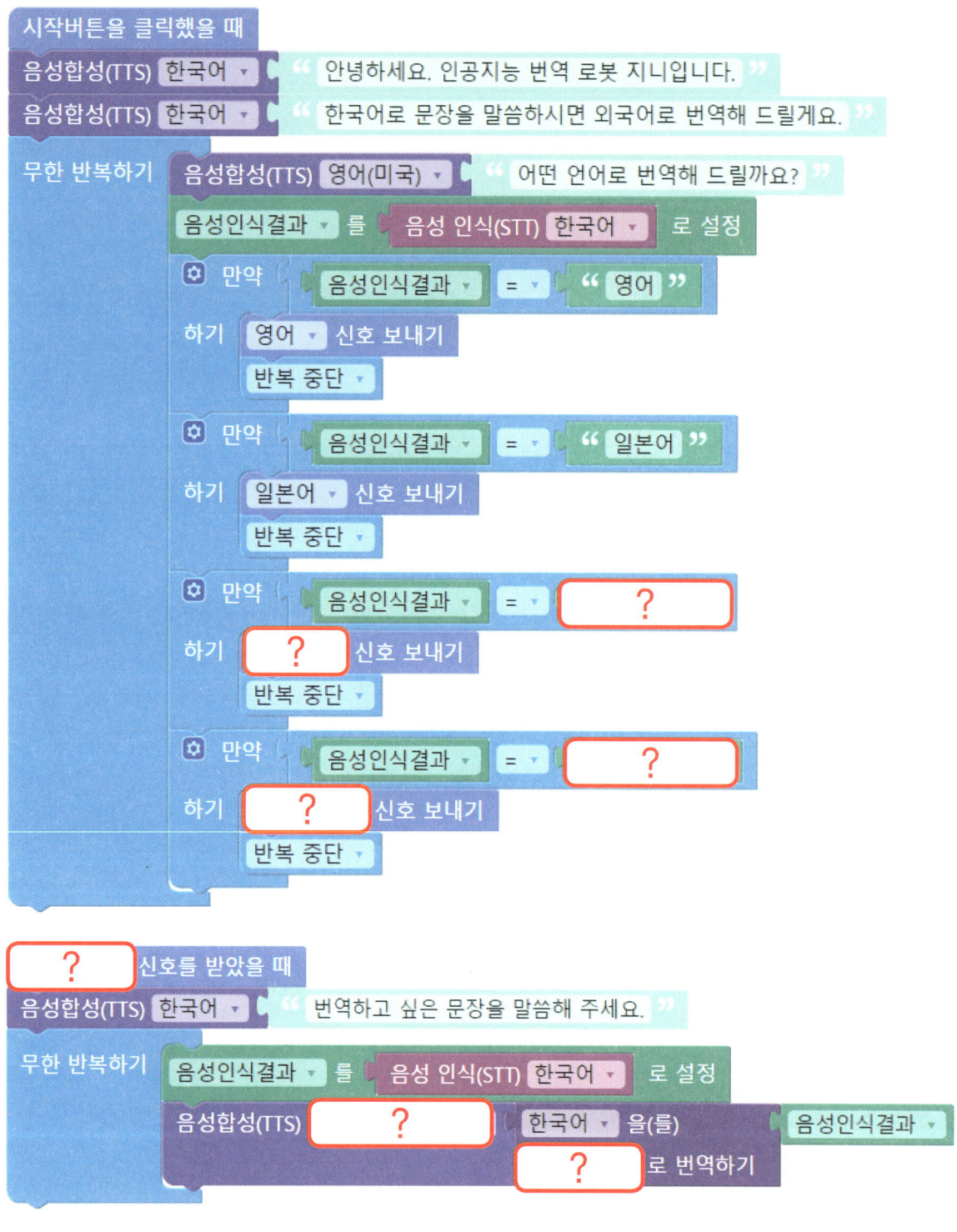

프로젝트1: 자동 번역 AI 프로그램

번역을 완료한 후 "지니야"를 부르면 프로그램이 다시 시작하도록 코딩해 보세요.

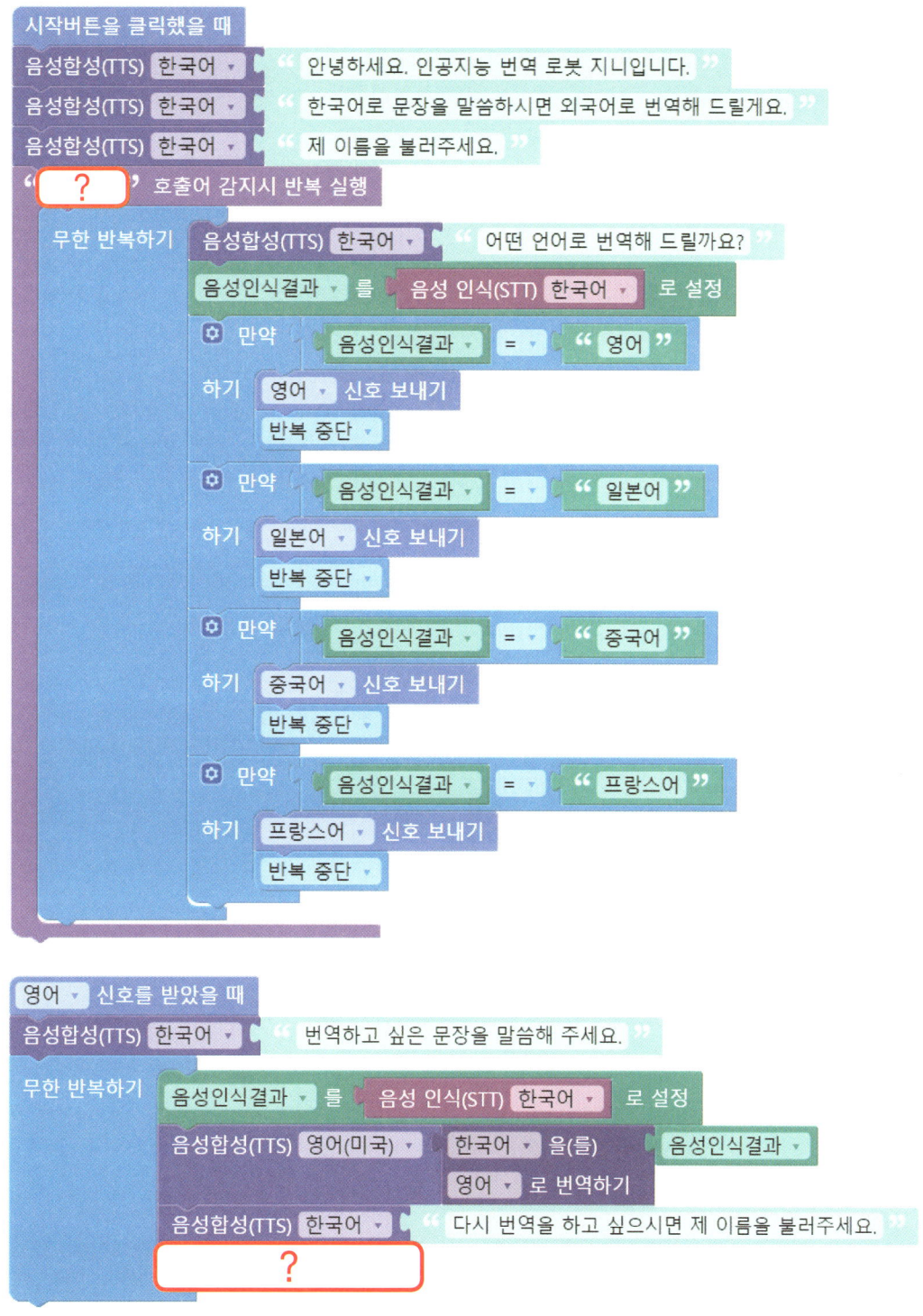

? → 원하는 언어와 신호 이름을 정해 보세요.

실전 문제

 **실전 문제 풀이 안내** 각 문항에 주어진 블록을 활용하여 프로그램을 완성해 보세요.
- 〈문제 출제 블록〉(-- 이 블록을 바꾸세요 -- , ? 등)을 삭제하고, 그 자리에 아래 **주어진 블록만을 사용**하여 코딩합니다(다른 블록 사용 불가).
- 한 블록을 여러 번 사용할 수 있으며 블록 안의 문자, 숫자, 기호 등을 적절히 변경합니다.

1. 지역별 날씨를 영어로 알려 주는 코드를 완성하시오.

조건
1. 지니를 부르면 영어로 안내를 시작합니다.
2. 먼저 기온을 알고 싶은 지역을 말하라고 안내합니다.
3. 지역을 시, 도 단위로 말하면 지역의 기온을 영어로 안내합니다.

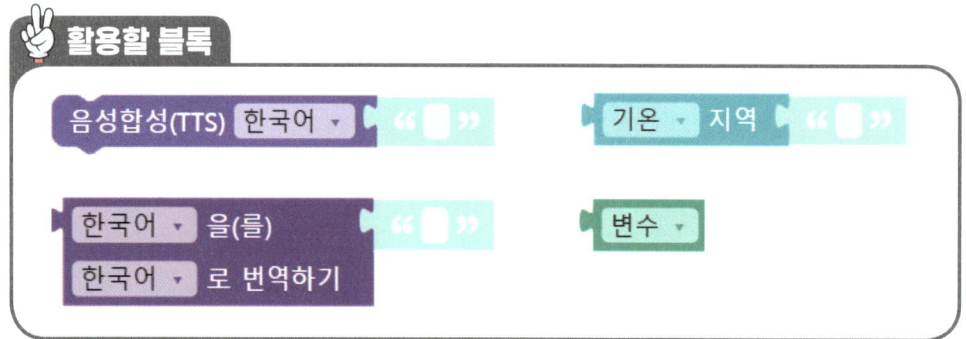

126

실전 문제

2. 번역할 내용을 말하고 언어를 지정하면 내용을 번역해 주는 코드를 완성하시오.

> **조건**
> 1. 통역할 우리말을 말한 후 통역할 언어를 말한다.
> 2. 요청한 언어에 따라 해당 언어로 번역해서 말해 준다.
> 3. 번역할 언어는 "영어"와 "일본어"로 한다.

```
시작버튼을 클릭했을 때
음성합성(TTS) 한국어 " 저는 우리말을 영어와 일본어로 통역해 드립니다. "
" 지니야 " 호출어 감지시 반복 실행
    음성합성(TTS) 한국어 " 통역할 내용을 알려주세요. "
    우리말 ▼ 를 음성 인식(STT) 한국어 ▼ 로 설정
    음성합성(TTS) 한국어 " 어떤 언어로 통역해 드릴까요? "
    음성인식결과 ▼ 를 음성 인식(STT) 한국어 ▼ 로 설정
    만약 문장 음성인식결과 ▼ 에 글자 " 영어 " 포함 여부
    하기 -- 이 블록을 바꾸세요 --

    만약 문장 음성인식결과 ▼ 에 글자 " 일본어 " 포함 여부
    하기 -- 이 블록을 바꾸세요 --
```

활용할 블록

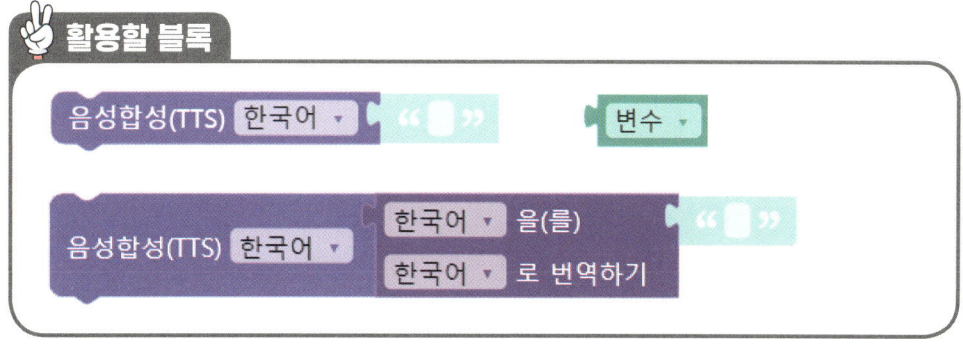

제5장 다양한 AI 코딩하기

2. 영상 인식과 이미지 인식

1. 영상 인식의 활용

인공지능은 사진 속 물체나 장소를 어떻게 알 수 있을까요?

제1장에서 인공지능의 학습 방법으로 강아지와 고양이 이미지를 주고 학습시키는 지도학습에 대하여 배웠습니다. 인공지능은 세계적인 명소의 사진도 지도학습의 방법으로 학습하여 장소 별 이미지를 알고 있다가 우리가 물어 보면 대답해 줍니다. 같은 방법으로 식물이나 동물의 모습도 학습하여 우리에게 그 정보를 알려 주지요.

제5장 다양한 AI 코딩하기

2. 영상 인식하기

☑ 사진을 보고 질문에 대답해 보세요.

- 사진에 무엇이 있나요?
- 여러분은 사진 속 동물이 왜 고양이와 강아지라고 생각했나요?
- 고양이와 강아지는 사진에서 어느 위치에 있나요?

☑ 위의 질문에 대답하는 데 시간이 얼마나 걸렸나요? 금방 알 수 있었나요? 오래 걸렸나요?

☑ 사진 속 동물이 무엇인지 어떻게 알 수 있었나요?

☑ 만약 사진 속 동물을 보거나 들어본 적이 없다면 어떤 동물인지 알아맞힐 수 있을까요?

한 번도 본 적 없는 동물이야. 무슨 동물인지 모르겠는걸?

Tip 사람의 물체 인식

사람은 사진이나 영상 속 물체를 본 적이 있다면 그 물체가 무엇이고, 어느 위치에 있는지 순간적으로 빠르게 인식할 수 있습니다. 사진이나 영상에 여러 물체가 나올 경우 각각의 물체가 무엇인지도 구별할 수 있지요. 하지만 처음 보는 물체의 경우 그 물체가 무엇인지 정확하게 알 수 없어요. 사람이 물체를 보고 무엇인지 인식할 때 살아오면서 보고 듣고 경험한 것을 통해 배운 것들을 바탕으로 판단하기 때문입니다.

☑ 기계가 사람처럼 사진 속 물체는 무엇이고 어디에 있는지 인식할 수 있도록 하려면 어떤 기술이 필요할까요?

129

AICE FUTURE 학습하기

3. 이미지 삽입하기

☑ 인공지능 카테고리 에서 이미지 삽입하기 명령 블록을 가져와 아래와 같이 코딩하고 프로그램을 실행해 보세요.

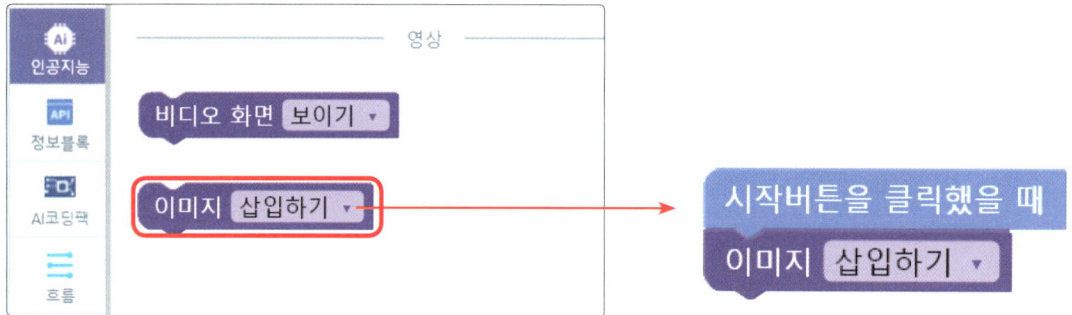

☑ 실행 버튼을 누르고 프로그램에 이미지를 삽입해 봅시다. 인터넷에서 개와 고양이 사진을 다운 받아 실습해 보세요.

❶ 〈파일 올리기〉를 클릭해요.

❷ 추가할 이미지 파일을 찾고 더블클릭해요.

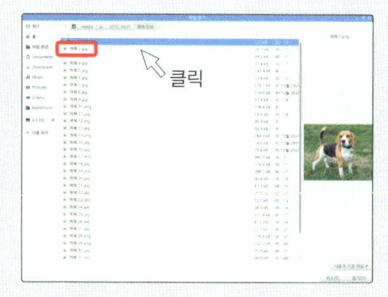

❸ 〈확인〉을 클릭해요.

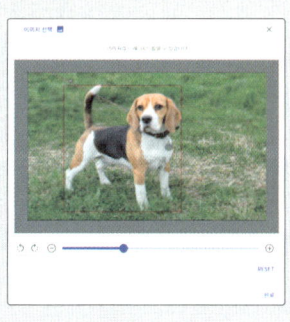

❹ 이미지가 화면에 추가됩니다.

※ 이미지는 10MB 이하의 jpg, png, bmp 형식의 파일만 사용할 수 있어요.

4. 객체 감지하기

✅ 아래와 같은 스크립트를 코딩하고 실행해 보세요. 이미지를 삽입하면 화면에 어떤 결과가 나타나나요?

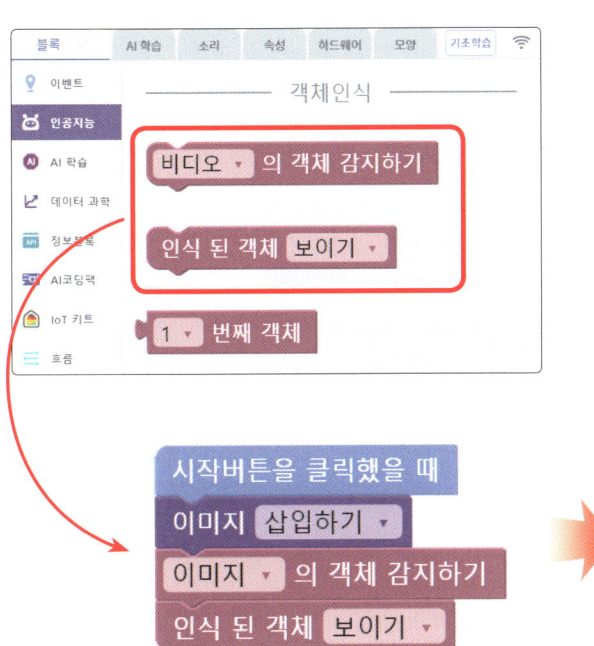

객체란?
객체(Object)란 형태가 있는 어떤 것, 물건, 물체, 대상, 목표물을 말합니다. '사람', '고양이', '책상', '자동차'와 같은 사물을 포함해 '공부', '요리', '운동'과 같은 동작들도 객체라고 할 수 있어요.

`이미지▼ 의 객체 감지하기` 지니가 사진 속의 객체를 감지하도록 하는 명령입니다.

`인식 된 객체 보이기▼` 지니가 감지한 객체를 사각형 테두리로 표시해 보여 줍니다.

✅ 아래와 같은 명령 블록을 추가하고 실행해 보세요. 이미지를 삽입하고 기다리면 지니가 어떤 말을 하나요?

지니가 객체 인식한 결과를 영어로 말합니다. 인식 결과를 한국어로 말하게 하려면 어떻게 해야 할까요?

AICE FUTURE 학습하기

5. 객체인식 활용 코딩하기

☑ 아래와 같은 스크립트를 수정하고 실행해 보세요. 이미지를 삽입하면 지니가 객체 인식 결과를 어떻게 말해 주나요?

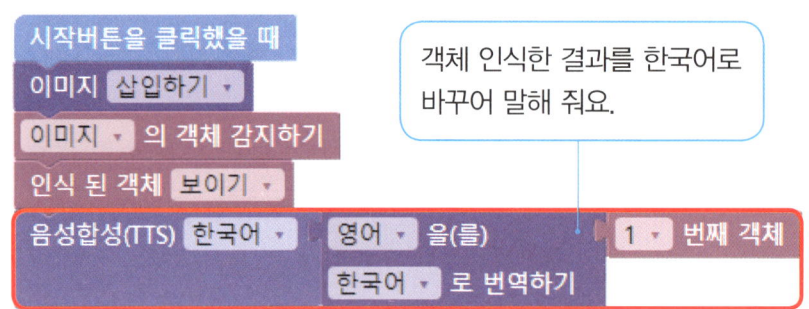

객체 인식한 결과를 한국어로 바꾸어 말해 줘요.

☑ 위의 스크립트를 아래와 같이 수정하고 실행해 보세요. 객체가 여러 개 있는 이미지를 삽입하면 지니가 객체 인식 결과를 어떻게 말해 주나요?

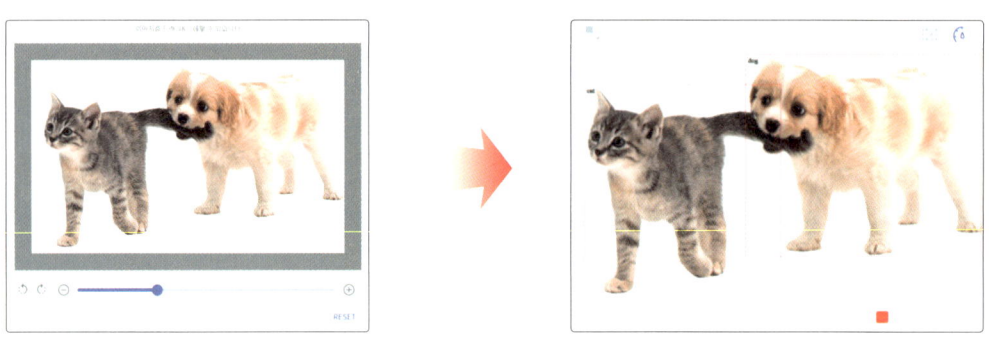

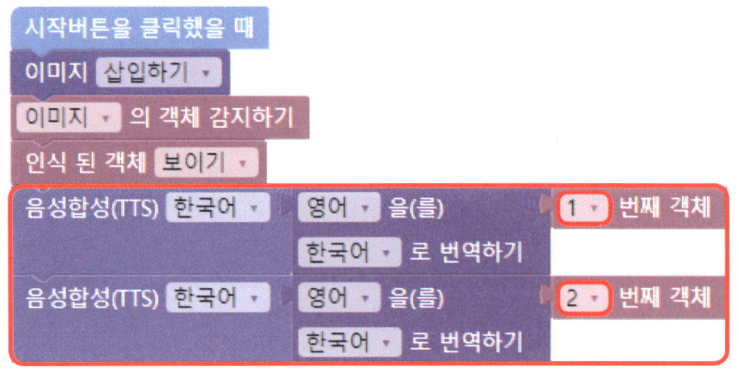

여러 개의 객체가 있을 경우 지니가 임의로 순서를 정해 각각의 인식 결과를 말해 줍니다.

제5장 다양한 AI 코딩하기

6. 명소 감지하기

☑ 인공지능 카테고리 에서 `이미지 ▼ 명소 감지하기` 명령 블록을 찾아 아래와 같이 코딩하고 실행해 보세요.

여러 가지 장소 사진을 삽입해 보세요.

 Tip 명소 감지
명소란 경치나 유적 등으로 널리 알려진 유명한 장소를 말합니다. 지니는 전 세계 여러 명소의 데이터를 학습해 둔 상태예요. 명소 데이터에는 명소의 모습, 이름, 위치(위도와 경도)에 대한 정보가 함께 저장되어 있습니다.

`이미지 ▼ 명소 감지하기` 지니가 학습한 데이터를 바탕으로 사진에서 명소를 찾아 감지하는 기능입니다. 지니는 학습한 명소만 감지할 수 있어요. 학습하지 못한 명소는 감지할 수 없습니다.

☑ 만약 사진에서 지니가 '명소'를 인식하지 못했을 때 지니는 어떤 말을 하나요?

사진 속에 지니가 알고 있는 '명소'가 없으면 '명소 감지'에 실패하고 '인식된 데이터가 없습니다.' 라는 문장을 출력합니다.

133

프로젝트 1

객체/명소 인식 스마트 봇

사진 속 사물의 이름이나 장소를 알려 주는 스마트 봇을 만들어 보세요.

프로그램의 흐름

1. 다양한 장소와 물체의 사진을 준비한다.
2. 지니를 부른 후 사진 속의 장소를 묻거나 어떤 물건인지 물어 본다.
3. 준비한 사진을 지니에게 보여 준다.
4. 지니가 사진을 분석하여 장소와 사물의 이름을 알아낸다.
5. 지니가 알아낸 결과를 말해 준다.

✅ **프로그램의 작동 순서를 생각해 보세요.**

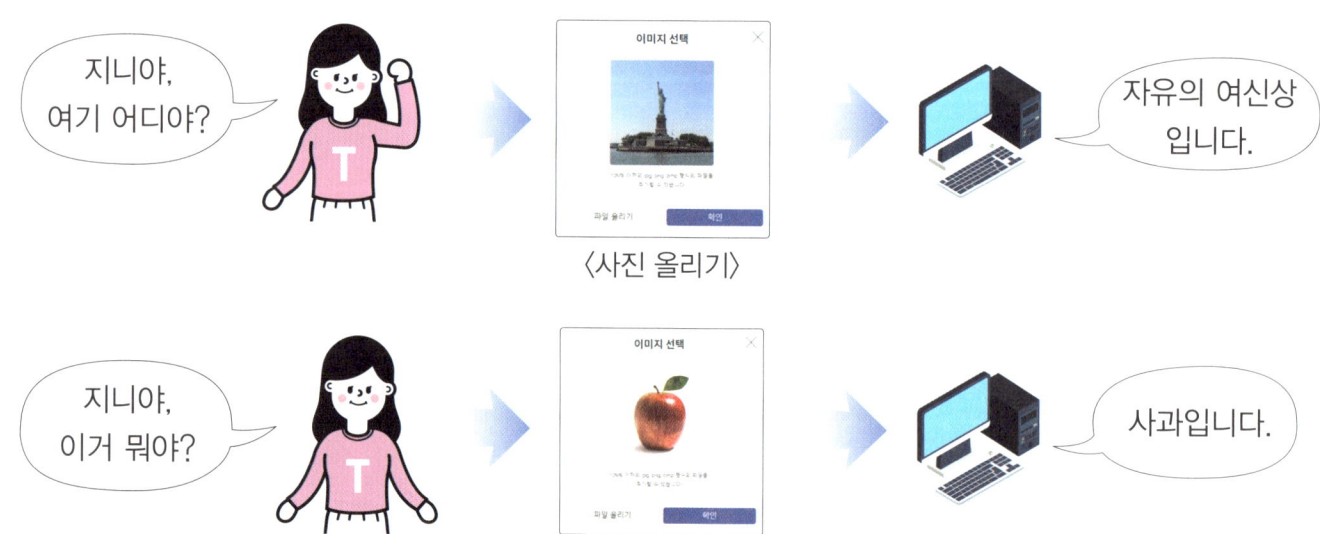

프로젝트1: 객체/명소 인식 스마트 봇

1. 무엇이 필요할까요?

다양한 장소와 물체의 사진

이미지 삽입 기능

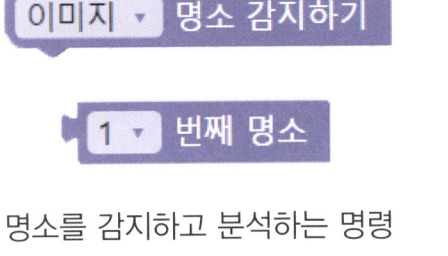

명소를 감지하고 분석하는 명령

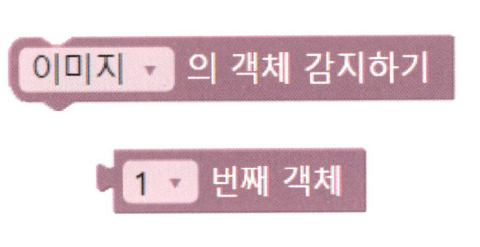

객체를 감지하고 분석하는 명령

2. 호출어를 부른 후 장소를 묻는 말을 하고 사진을 올리면 지니가 사진 속 명소를 감지하도록 코딩해 보세요.

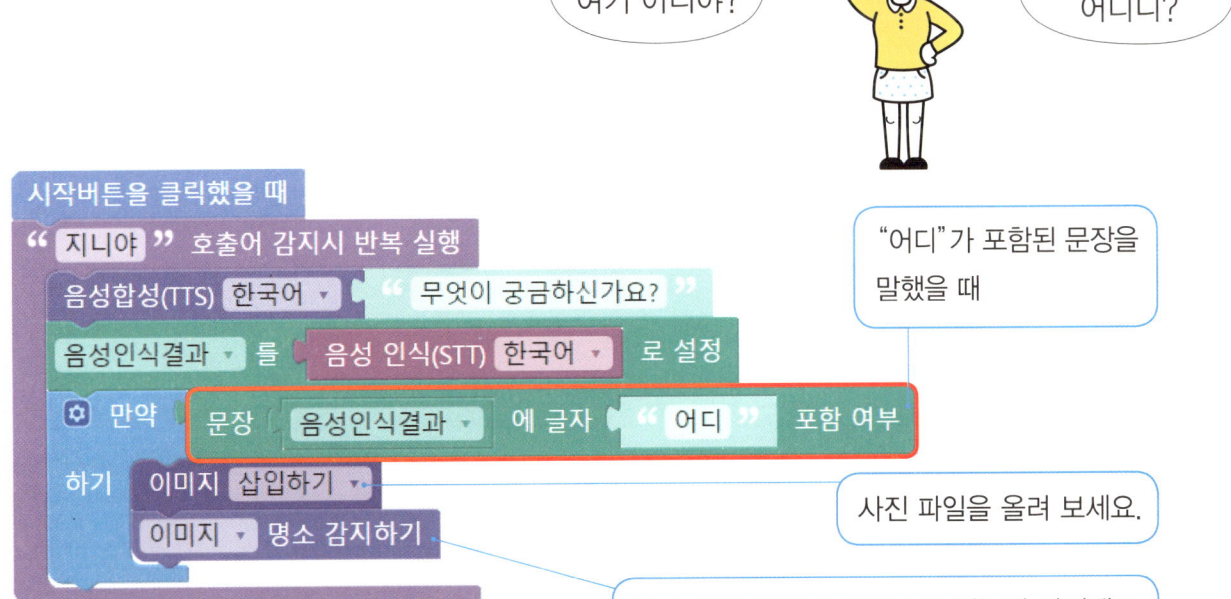

프로젝트1: 객체/명소 인식 스마트 봇

3. 지니가 사진 속 장소가 어떤 명소인지 분석하고 그 결과를 〈장소인식결과〉 변수로 정하도록 코딩해 보세요.

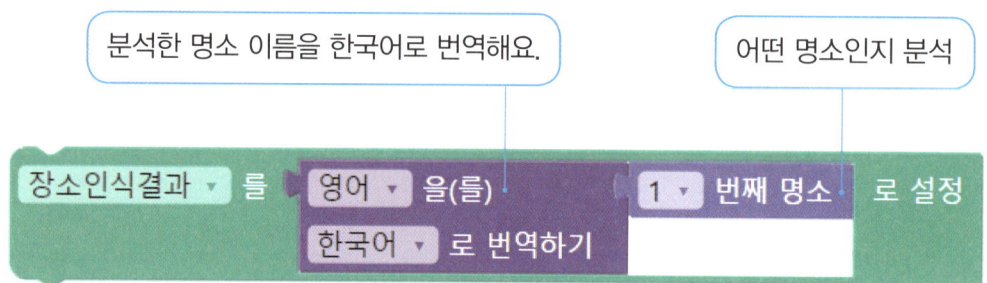

분석한 명소 이름을 한국어로 번역해요.

어떤 명소인지 분석

4. 아래와 같이 내가 올린 사진에서 지니가 명소를 인식했을 경우, 어디인지 알려 주고 그렇지 않을 경우는 모르는 장소라고 대답하도록 코딩해 보세요.

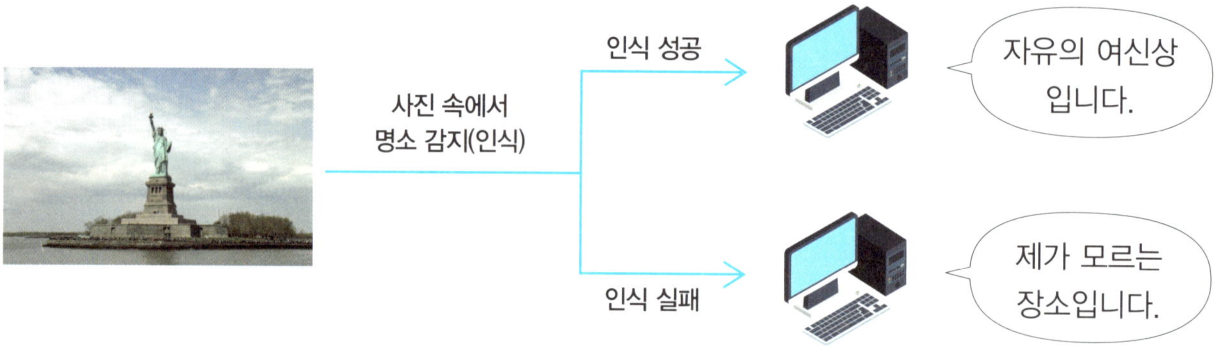

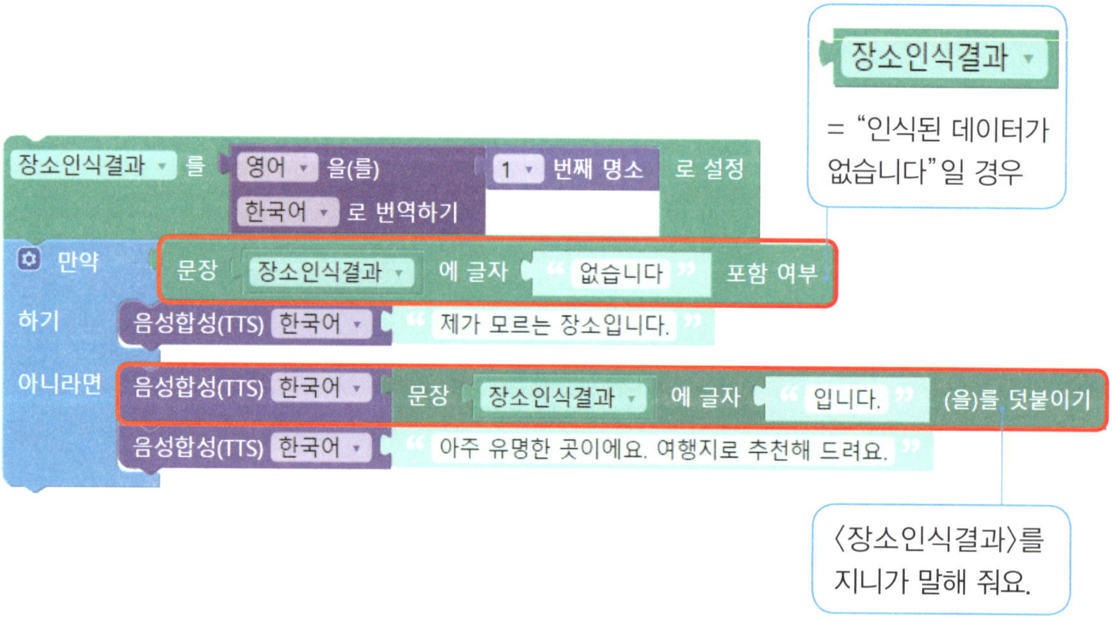

〈장소인식결과〉 = "인식된 데이터가 없습니다"일 경우

〈장소인식결과〉를 지니가 말해 줘요.

프로젝트1: 객체/명소 인식 스마트 봇

5. 지금까지 코딩한 스크립트를 실행해 보세요. "여기 어디야?"를 묻고 사진을 올려 볼까요? 지니가 어떤 대답을 하나요?

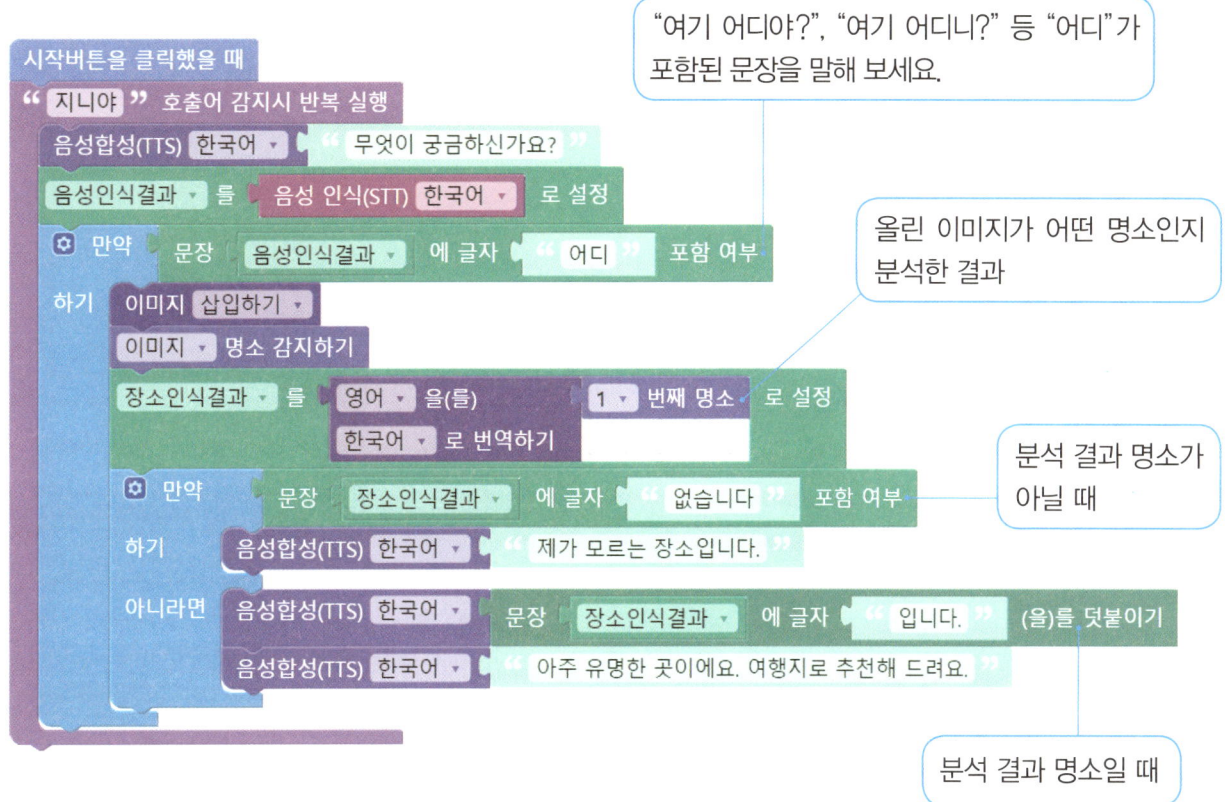

〈지금까지의 스크립트〉

6. 호출어를 부른 후 사진 속 사물이 무엇인지 묻고, 사진을 올리면 지니가 사진 속 물체를 감지하도록 코딩해 보세요.

프로젝트1: 객체/명소 인식 스마트 봇

7. 지니가 분석한 사진 속 물체에 대해 말해 주도록 코딩해 보세요.

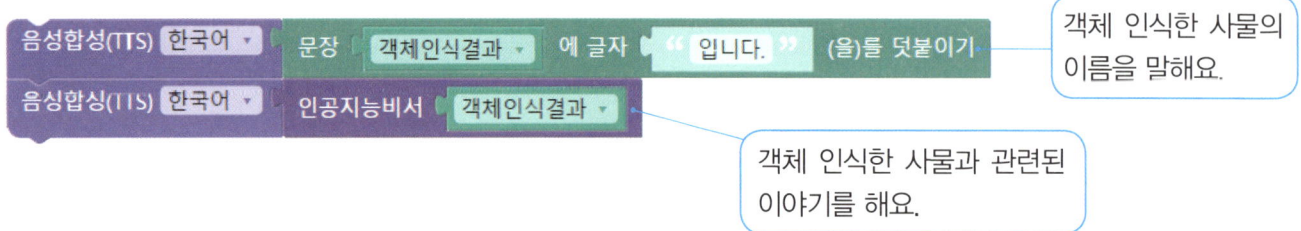

- 객체 인식한 사물의 이름을 말해요.
- 객체 인식한 사물과 관련된 이야기를 해요.

8. 완성한 프로그램을 실행해 보세요. 지니에게 사진 속 장소나 사물이 무엇인지 물어볼까요? 지니가 어떤 대답을 하나요?

〈완성 스크립트〉

- 사진 속 명소 알려 주기
- 사진 속 객체 알려 주기

프로젝트1: 객체/명소 인식 스마트 봇

다양한 장소와 물체 사진을 준비하고 앞에서 코딩한 스마트 봇 프로그램을 실행해 보세요.

✅ 지니가 장소와 사물 이름을 얼마나 잘 알고 있나요?

✅ 지니가 내 질문을 더 잘 알아들을 수 있도록 스크립트를 변경해 보세요.

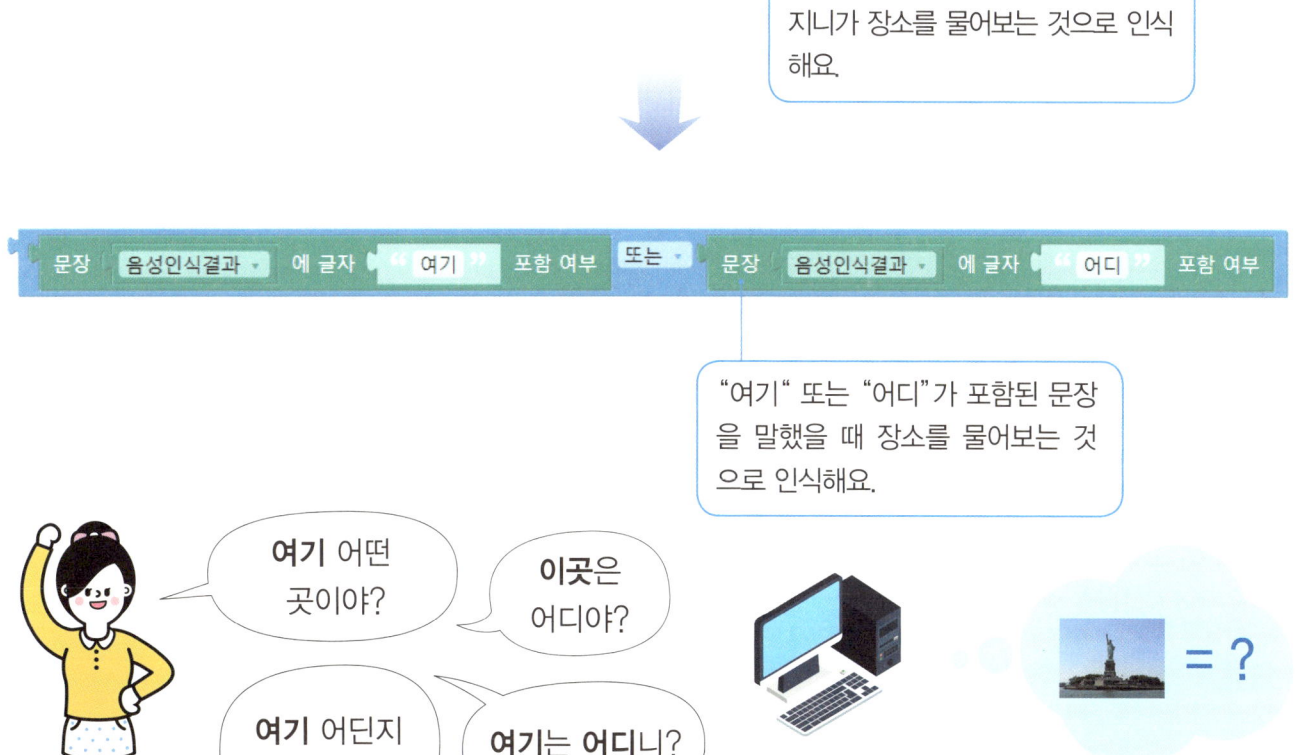

실전 문제

실전 문제 풀이 안내 각 문항에 주어진 블록을 활용하여 프로그램을 완성해 보세요.

- 〈문제 출제 블록〉(-- 이 블록을 바꾸세요 -- , ? 등)을 삭제하고, 그 자리에 아래 **주어진 블록만을 사용**하여 코딩합니다(다른 블록 사용 불가).
- 한 블록을 여러 번 사용할 수 있으며 블록 안의 문자, 숫자, 기호 등을 적절히 변경합니다.

1. 이미지를 이용하여 객체를 감지하는 코드를 완성하시오.

> **조건**
> 1. AICE 사이트에서 제공하는 이미지(가위 사진)를 다운로드 받는다. (별도의 이미지를 사용해도 됨)
> 2. 음성인식결과에 "뭐야" 라는 키워드가 있으면 다운받은 이미지를 이용해 객체를 감지하고 결과를 말해 줄 신호를 보낸다.
> 3. 신호를 받는 코드에서는 인식된 객체를 말해 준다.

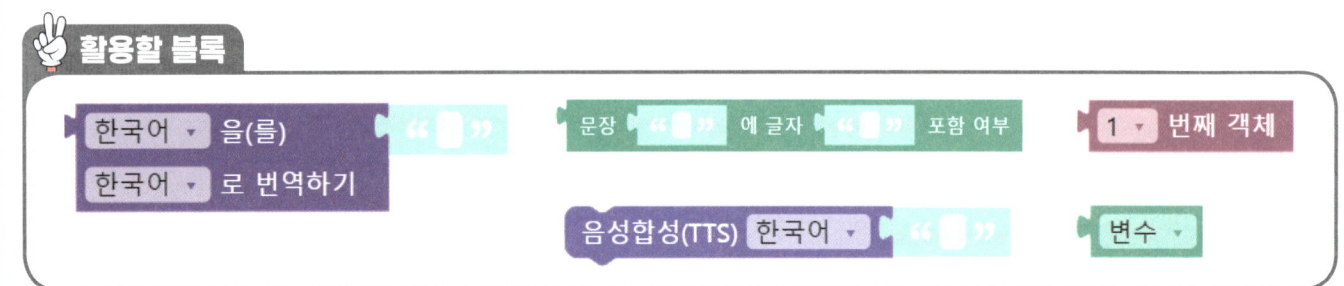

실전 문제

2. 이미지를 이용하여 명소를 알려 주는 코드를 완성하시오.

> **조건**
> 1. 다음 AICE사이트에서 제공하는 명소 이미지를 다운로드 받는다.
> 2. 음성인식결과에 "어디" 라는 키워드가 있으면 명소를 감지하고 그 결과를 변수에 번역하여 저장한다.
> 3. 명소가 감지되지 않으면 "제가 모르는 장소입니다" 라고 하며, 명소가 감지되면 인식된 장소를 말해 준다.

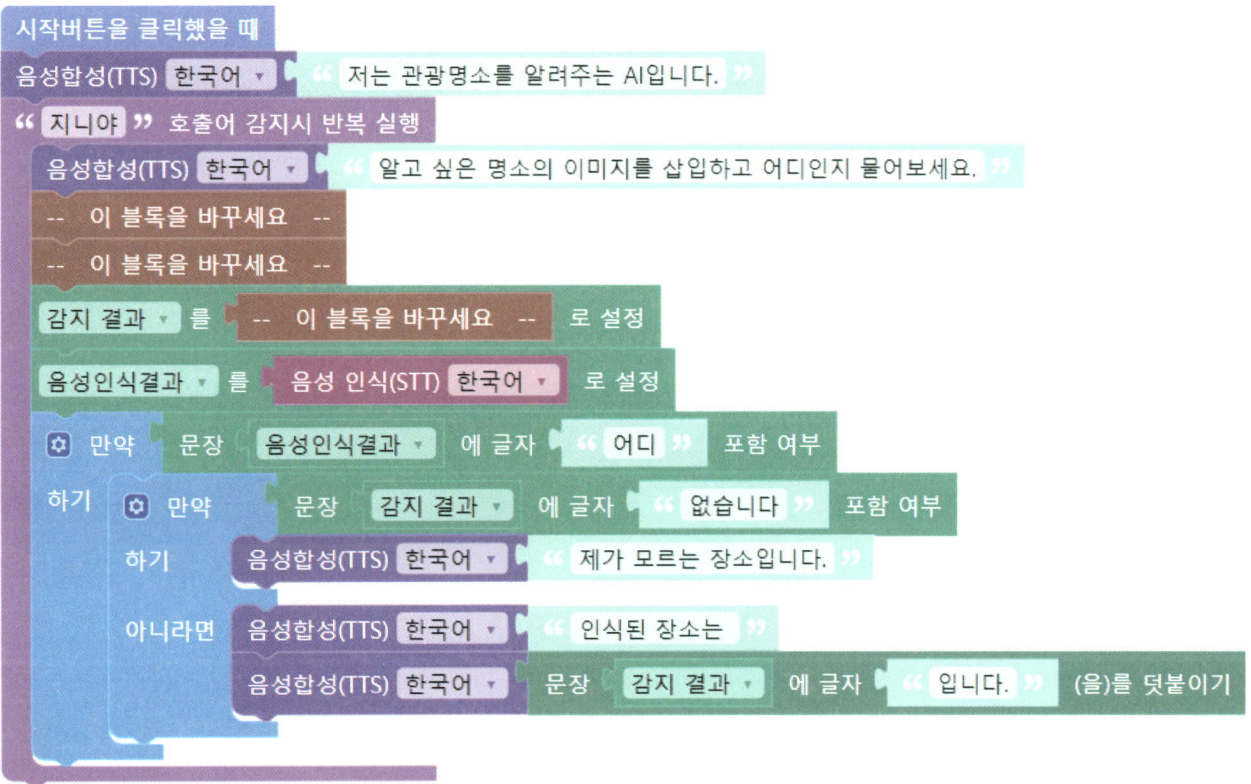

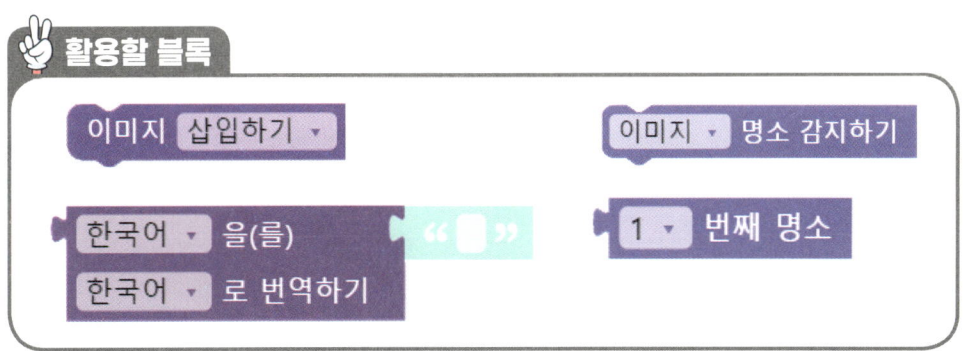

제5장 다양한 AI 코딩하기

3. 머신러닝 기초 실습

1. 머신러닝이란?

제1장에서 인공지능이 수많은 데이터를 분석하고 학습을 하는 것을 기계학습이라고 하고, 그중에서도 인공신경망을 활용한 딥러닝 기술이 등장하면서 인공지능 기술이 크게 발전하였다는 것을 배웠습니다. 여기서는 인공지능에 텍스트나 이미지를 학습시키고 학습된 모델을 활용하여 코딩하는 실습을 해 봅니다.

제1장에서 배운 머신러닝의 주요 개념들에 대하여 실습 과제에 맞게 다시 한 번 살펴보고 실습을 해 보세요.

2. 지도학습과 비지도학습

인공지능의 학습 방법

인공지능은 사람과 유사한 방식으로 학습을 합니다. 학습을 하는 방법으로는 크게 지도학습, 비지도학습이 있습니다. 지도학습은 사람이 데이터를 컴퓨터에 입력하면서 "이것은 무엇이야"라고 정답을 알려 주는 것으로, 컴퓨터 입장에서는 지도를 받았기 때문에 "지도학습"이라고 합니다. 비지도학습은 데이터 학습 과정에서 사람의 지도 없이 인공지능이 스스로 파악하여 일정한 규칙성을 찾아 학습하는 것을 말합니다.

지도학습	비지도학습

✓ 대표적인 지도학습 사례	✓ 대표적인 비지도학습 사례

AI가 이미 학습된 이미지 데이터와 특징을 비교하기 때문에 이미지 인식은 지도학습에 해당합니다.	제품을 구매한 고객들의 유사한 특징을 찾아내어 마케팅 자료로 활용하는 것은 비지도학습에 해당합니다.

AICE FUTURE 학습하기

3. 지도학습

지도학습은 인공지능의 머신러닝에서 가장 많이 사용되는 방법으로 레이블과 데이터를 같이 인공지능에게 제공하여 학습시키는 것을 말합니다. 예를 들어 고양이 사진들을 인공지능에게 보여 주면서 "이것이 고양이야"라고 가르치는 것을 말합니다. 이때 고양이를 '레이블'이라고 하고, 고양이 사진은 '데이터'입니다. 학교에서 선생님에게 수업을 받듯이 컴퓨터도 학습 지도를 받았기 때문에 이를 '지도학습'이라고 합니다.

텍스트 분류 학습

☑ 텍스트 분류 학습이란 텍스트를 레이블 별로 AI에게 학습시킨 후 이를 이용해서 제시되는 텍스트의 레이블을 구별하도록 하는 기능입니다. 텍스트 분류 학습을 이용해서 내가 하는 말이 나쁜 말인지 아닌지 구분하는 프로그램을 코딩해 보세요.

 Tip 레이블과 클래스

레이블과 클래스는 같은 의미로 쓰이기도 합니다. 그러나 똑같은 것은 아닙니다. 어떤 데이터를 '좋은 말', '나쁜 말'로 나눌 때, 좋은 말과 나쁜 말은 각자 그 특성을 갖는 레이블입니다. 클래스는 위 레이블들의 모임을 말하지요.

예) '사랑'의 레이블은 '좋은 말'이다.
　　이 모델에는 '좋은 말'과 '나쁜 말'이라는 2개의 클래스가 있다.

제5장 다양한 AI 코딩하기

☑ 코딩을 하기 전에 먼저 AI를 학습시켜야 합니다. 화면에 보이는 순서대로 ①에서 ③까지 이동하면서 텍스트 분류 학습에 들어가 보세요.

텍스트 분류 학습 화면이 열리면 '④ 클래스 추가'를 클릭하세요.

☑ 다음과 같은 학습 데이터 입력 창이 열리면, 클래스 이름을 '좋은 말'이라고 정하고 좋은 말이라고 생각되는 단어들을 목록에 입력하고 저장하세요.

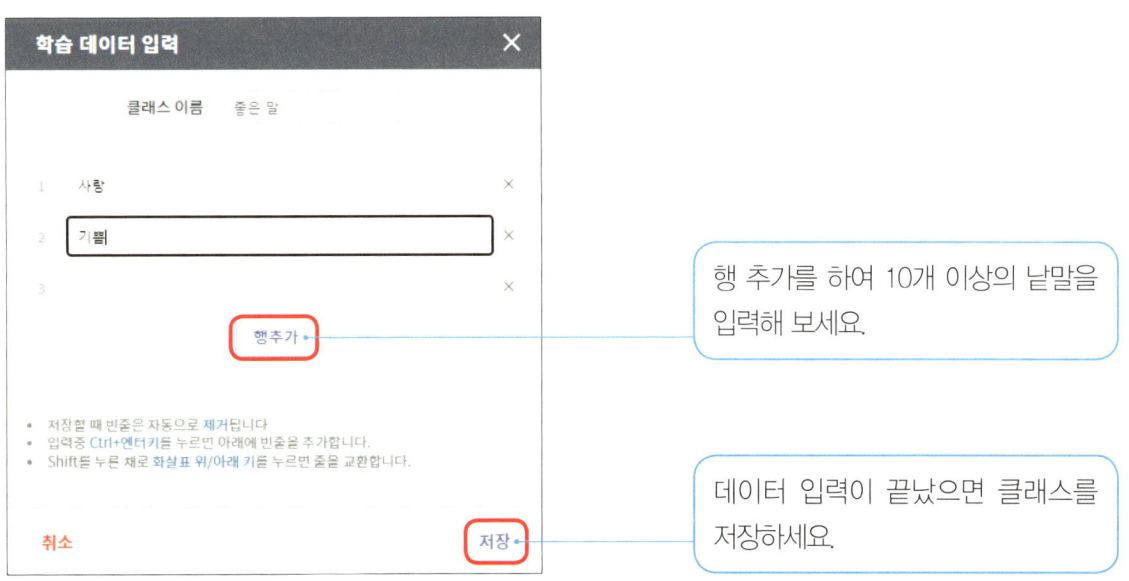

같은 방법으로 나쁜 말 클래스도 만들고 저장해 보세요.

145

AICE FUTURE 학습하기

☑ 데이터를 각 레이블에 저장하면 다음과 같이 레이블 별로 저장된 데이터가 나타납니다.

여기서 다시 데이터를 추가해서 입력할 수 있습니다. 많은 데이터를 입력할수록 예측 모델의 정확도가 높아집니다.

☑ 이제 저장한 레이블 별 데이터를 ① 학습시키고 학습 결과를 ② 테스트해 보세요. 구별을 잘 해 주나요?

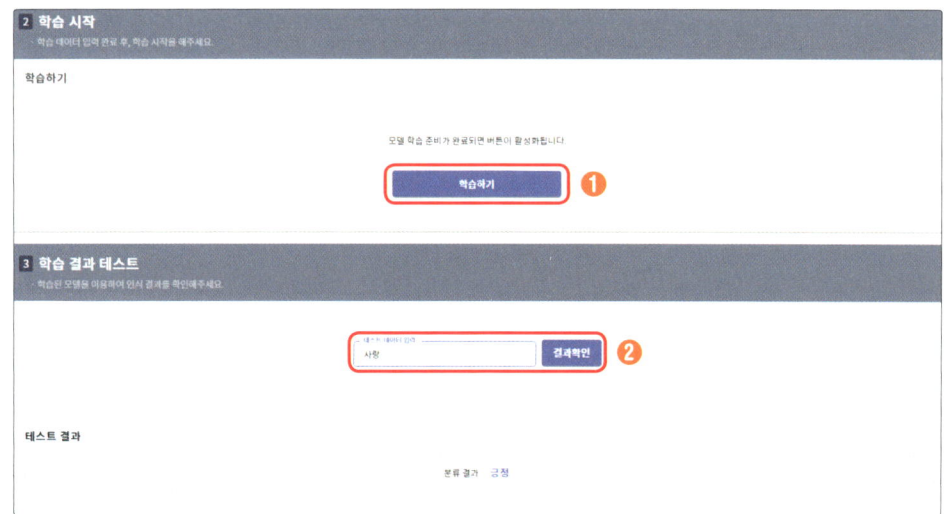

제5장 다양한 AI 코딩하기

☑ 학습된 모델을 저장해야 코딩에서 사용할 수 있습니다. 모델 이름을 반드시 저장해 주세요.

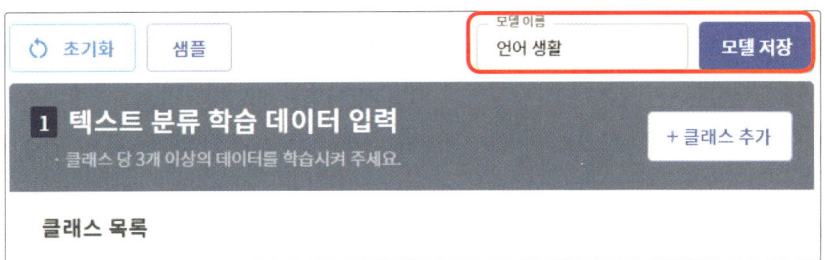

☑ AI 학습 → 모델 선택 버튼을 누르고, 작품에서 사용할 모델을 선택해 주세요.

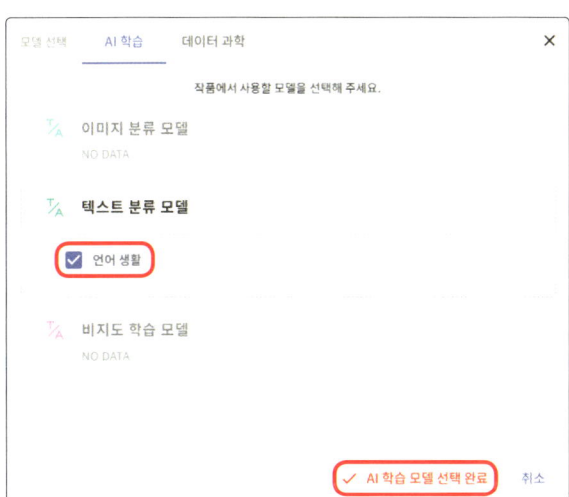

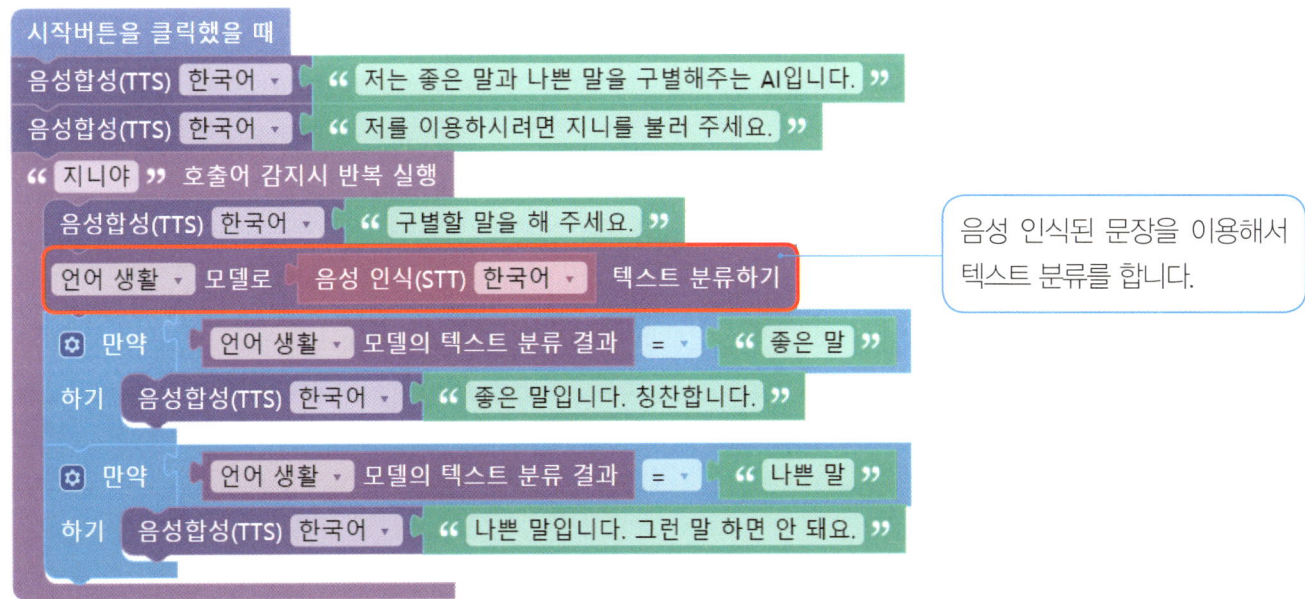

음성 인식된 문장을 이용해서 텍스트 분류를 합니다.

147

AICE FUTURE 학습하기

이미지 분류 학습

☑ 지도학습 중 이미지 분류 학습은 이미지의 특징을 AI가 구분하여 레이블 별로 이미지를 구별해 내는 기능입니다. 이미지 분류 학습을 이용해서 인공지능이 과일의 종류를 구별하도록 코딩해 보세요.

☑ 코딩을 하기 전에 먼저 AI를 학습시켜야 합니다. 화면에 보이는 순서대로 ①에서 ③까지 이동하면서 이미지 분류 학습에 들어가 보세요.

이미지 분류 학습 화면이 열리면 '④ 클래스 추가'를 클릭하세요.

제5장 다양한 AI 코딩하기

☑ **다음과 같은 학습 데이터 입력 창이 열리면, 클래스 이름을 '수박'이라고 정하고 가운데 그림 모양을 클릭하여 내 컴퓨터에 있는 수박 사진들을 불러와 입력하고 저장합니다.**

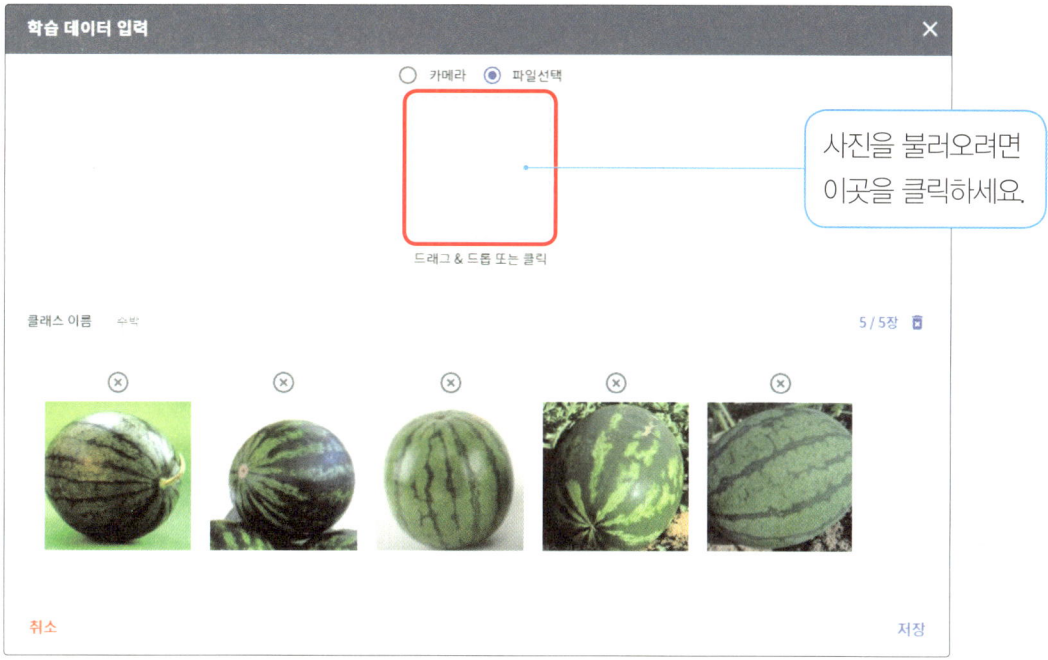

같은 방법으로 바나나 사진도 입력하고 저장해 보세요.
※학습 데이터의 클래스를 2개 이상 입력하여야 합니다.

 Tip 픽사베이(pixabay.com) 사이트에서 무료 사진을 다운받아 사용할 수 있어요.

☑ **이제 저장한 레이블 별 데이터를 학습시켜 보세요.**

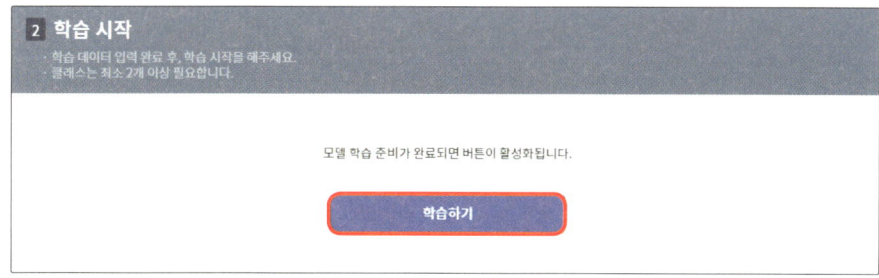

AICE FUTURE 학습하기

☑ 레이블 별로 이미지를 학습시켰으면 테스트해 볼 수 있습니다. 수박이나 바나나 이미지를 불러와 테스트해 보세요. AI가 잘 알아맞히나요?

☑ 인식이 잘되면 학습 모델을 모델 이름을 넣고 저장하세요. 저장한 모델 이름으로 코딩을 해야 합니다.

제5장 다양한 AI 코딩하기

✅ AI 학습 → 모델 선택 버튼을 누르고, 작품에서 사용할 모델을 선택해 주세요.

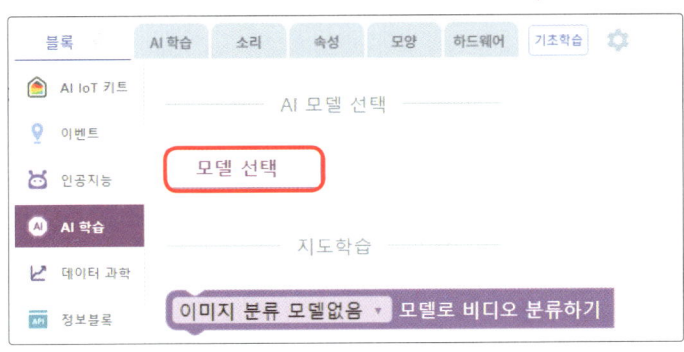 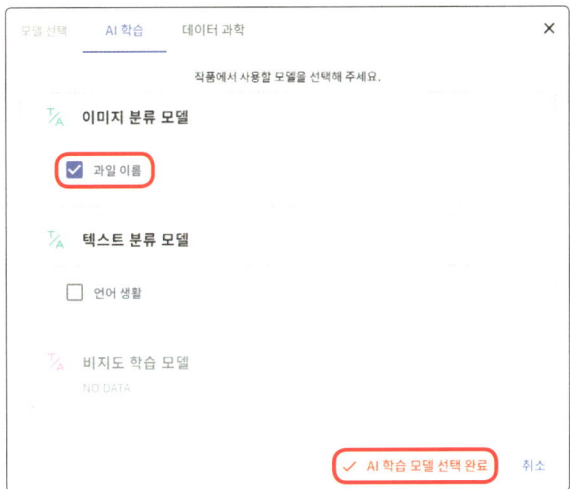

✅ 다시 블록 코딩으로 돌아와 코딩을 해 보세요. 다음과 같이 코딩하고 과일 이미지를 업로드 해 보세요. 지니가 과일 이름을 잘 맞히나요?

```
시작버튼을 클릭했을 때
음성합성(TTS) 한국어 ▼ "저는 과일 이름을 알려주는 AI입니다."
음성합성(TTS) 한국어 ▼ "저를 이용하시려면 지니를 불러 주세요."
"지니야" 호출어 감지시 반복 실행
    음성합성(TTS) 한국어 ▼ "알고 싶은 과일 사진을 올려주세요."
    이미지 삽입하기 ▼
    비디오 화면 보이기 ▼
    과일 이름 ▼ 모델로 비디오 분류하기
    만약 과일 이름 ▼ 모델의 비디오 분류 결과 = ▼ "수박"
    하기 음성합성(TTS) 한국어 ▼ "이 과일은 수박입니다."
    만약 과일 이름 ▼ 모델의 비디오 분류 결과 = ▼ "바나나"
    하기 음성합성(TTS) 한국어 ▼ "이 과일은 바나나입니다."
```

AICE FUTURE 학습하기

샘플 데이터 활용하기

코디니에서는 사용자가 쉽게 학습할 수 있도록 샘플 데이터를 제공하고 있습니다. 샘플 데이터를 사용하면 직접 데이터를 만들지 않고도 텍스트와 이미지 분류 학습에 대한 AI 실습을 할 수 있어요. 여기서는 코디니가 제공하는 샘플 데이터를 사용해 지도학습을 실습해 보겠습니다.

☑ 텍스트 분류 학습에 들어가서 샘플 데이터를 가져옵니다.

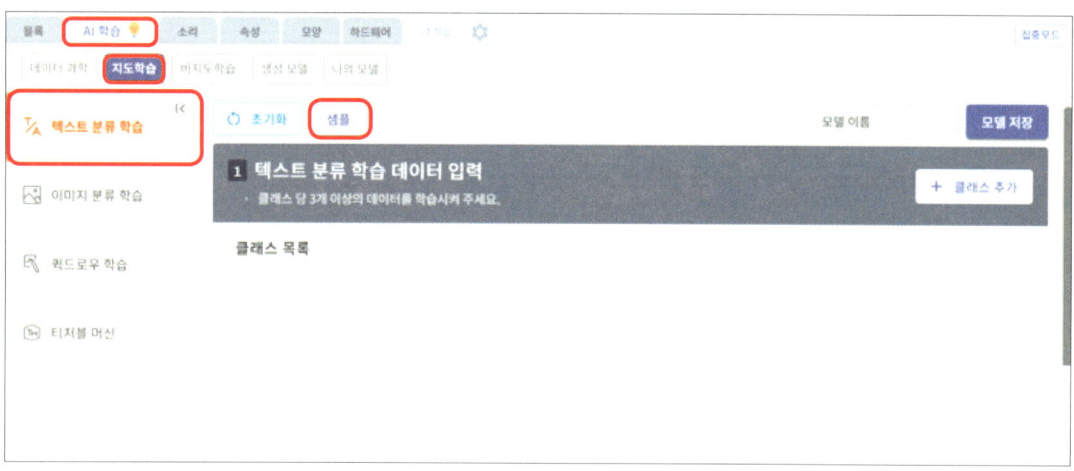

☑ 샘플 데이터를 불러오면 다음과 같이 레이블 별로 저장된 데이터가 나타납니다.

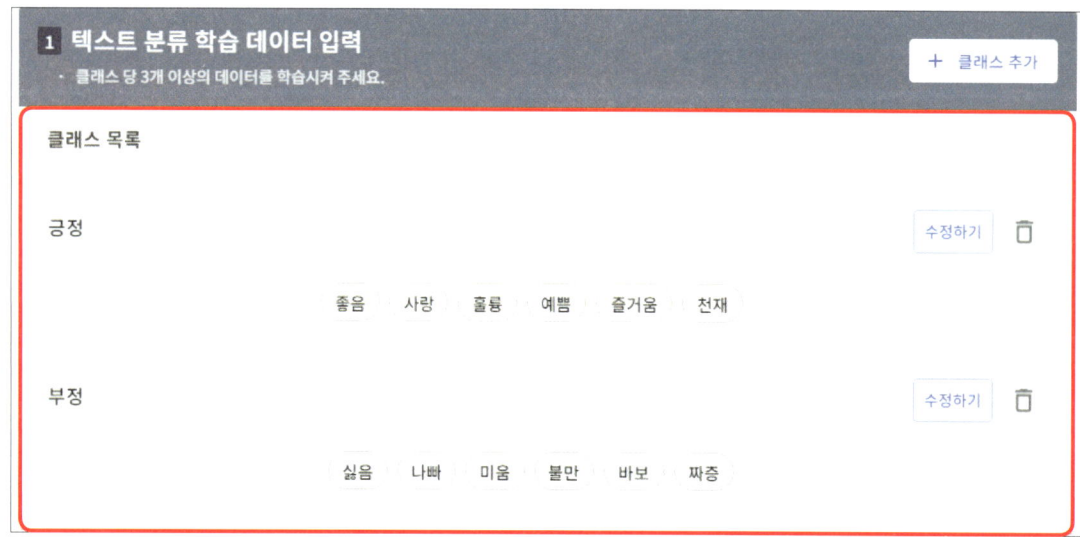

✅ 데이터를 학습시키고 학습 결과를 테스트해 보세요.

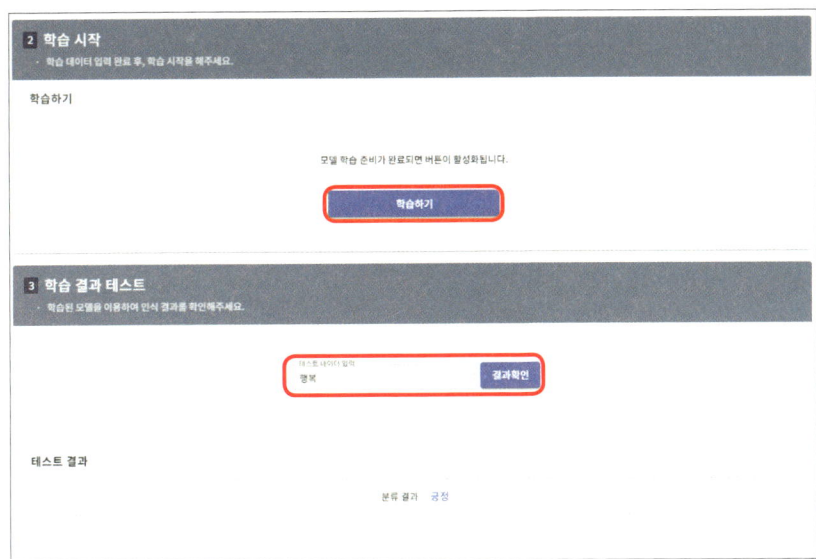

✅ 샘플 데이터로 학습한 모델을 저장합니다.

✅ AI 학습 → 모델 선택 버튼을 누르고 모델을 선택하면 스크립트에서 학습시킨 모델을 사용할 수 있습니다.

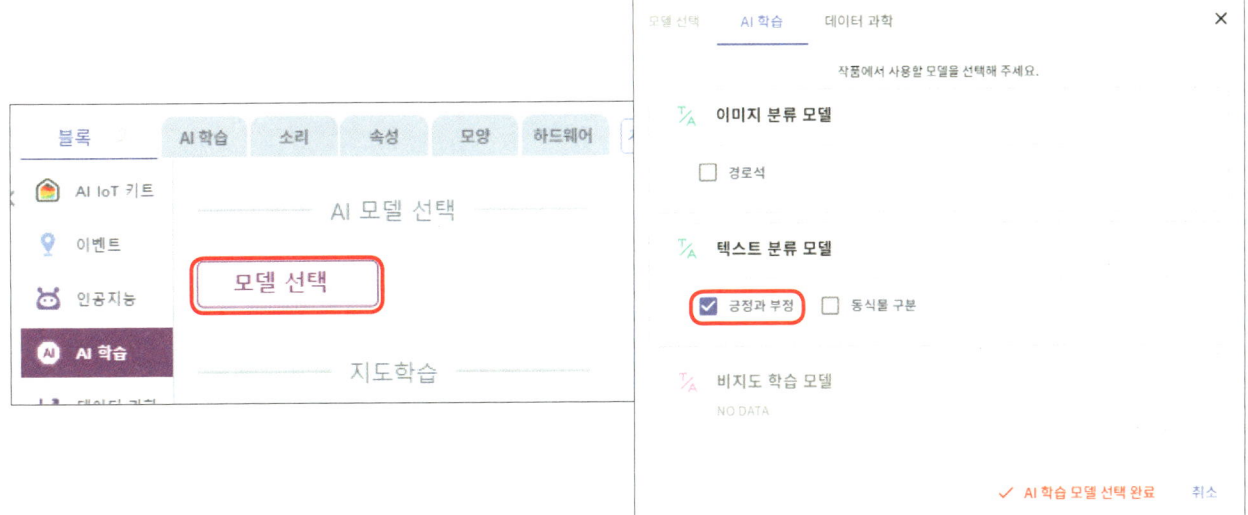

AICE FUTURE 학습하기

☑ 이미지 분류 학습의 샘플 데이터도 활용해 봅니다.

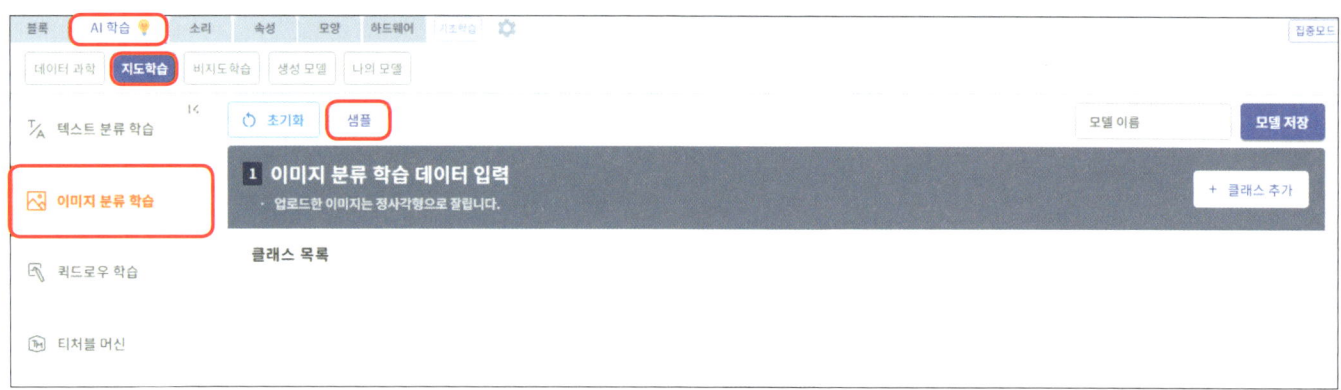

☑ 원하는 샘플 데이터를 선택한 후 학습을 시키고, 결과를 직접 테스트해 보세요.

제5장 다양한 AI 코딩하기

4. 비지도학습

지도학습에서 "이것은 무엇이야."라고 정답을 알려 준 것과는 다르게 비지도학습에서는 '레이블'을 제공하지 않습니다. 비지도학습은 입력된 데이터를 인공지능 스스로 분석하여 데이터 사이의 패턴, 특징, 구조 등 다양한 규칙을 찾아내는 방식입니다.

여기서는 코디니 플랫폼에 샘플 데이터로 제시된 영어, 수학 점수 데이터를 분석하는 실습을 해 보기로 합니다.

☑ 샘플을 이용해서 인공지능이 데이터를 두 그룹으로 분석해 봅니다. 먼저 화면에 보이는 순서대로 ①에서 ④까지 이동하면서 샘플을 불러와 보세요.

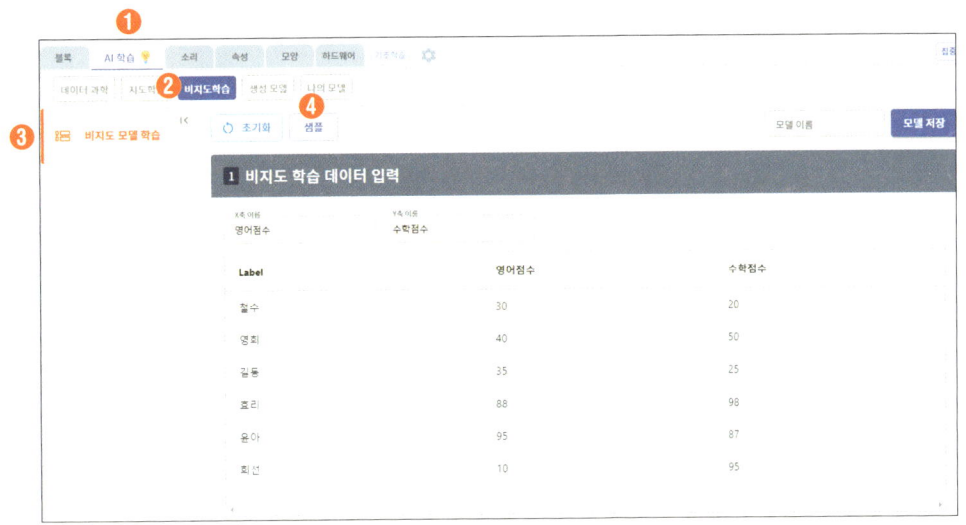

☑ 학습된 모델을 코딩에서 사용할 수 있도록 모델로 저장해 주세요.

155

AICE FUTURE 학습하기

☑ 데이터를 두 그룹으로 학습시켜 보세요. 인공지능이 분석한 결과를 보면 영어, 수학 두 과목을 모두 잘하거나 모두 못하는 <그룹 1>과 한 과목은 잘하고 한 과목은 못하는 희선이를 <그룹 2>로 나눈 결과임을 알 수 있습니다.

☑ '다시 한 번 학습하기'를 클릭하면 다른 기준으로 분석한 차트를 볼 수 있습니다. <그룹 1>은 수학 점수가 높은 학생들 그룹이며 <그룹 2>는 수학 점수가 낮은 그룹임을 알 수 있습니다.

제5장 다양한 AI 코딩하기

☑ '다시 한 번 학습하기'를 클릭하면 또 다른 그래프를 볼 수 있습니다. <그룹 1>은 영어 점수가 높은 학생 그룹이며 <그룹 2>는 영어 점수가 낮은 학생 그룹입니다.

Tip

결과 확인에서 그룹의 개수를 바꿔 가며 학습하기 버튼을 클릭해 보세요. 더 다양한 기준으로 인공지능이 데이터를 분석해 줍니다.
비지도학습은 지도학습과 다르게 레이블이 없기 때문에 무엇을 기준으로 데이터를 분류하는지가 중요한 요소로 작용합니다.

AICE FUTURE 학습해보니 Quiz

1. 다음은 AI의 학습 방법에 관한 설명입니다. 빈칸에 들어갈 말은 무엇인가요?

(①)은 우리말로 기계학습이라고 합니다. 이는 기계, 즉 컴퓨터가 인간처럼 수많은 데이터(빅데이터)를 분석하고 이를 바탕으로 학습을 해서 질문에 대답을 하고 예측도 할 수 있도록 하는 기술을 말합니다.

(②)은 머신러닝의 한 분야라고 할 수 있습니다. 인공지능에서 머신러닝이 처음 도입되었으나 크게 발전하지 못하고 있다가 (②) 의 개념이 도입되면서 많은 성과를 이루었습니다. (②) 은 인간의 뇌에 있는 인공 신경망을 연구해서 데이터 학습 기술을 개발해 AI의 학습 능력을 획기적으로 향상시켰습니다.

① (   ) ② (   )

2. 다음은 머신러닝의 학습 방법에 대한 설명입니다. 빈칸에 들어갈 말은 무엇인가요?

(①) 은 인공지능의 머신러닝에서 가장 많이 사용되는 방법으로 레이블과 데이터를 인공지능에게 함께 제공하여 학습시키는 것을 말합니다. 예를 들어 고양이 사진들을 인공지능에게 보여주면서 "이것이 고양이야"라고 가르치는 것을 말합니다.

지도학습에서 "이것은 무엇이야."라고 정답을 알려 준 것과는 다르게 (②) 에서는 '레이블'을 제공하지 않습니다. (②) 은 입력된 데이터를 인공지능 스스로 분석하여 데이터 사이의 패턴, 특징, 구조 등 다양한 규칙을 찾아내는 방식입니다.

① (   ) ② (   )

정답: 1. ① 머신러닝, ② 딥러닝 2. ① 지도학습, ② 비지도학습

실전 문제

 **실전 문제 풀이 안내** 각 문항에 주어진 블록을 활용하여 프로그램을 완성해 보세요.
- 〈문제 출제 블록〉(-- 이 블록을 바꾸세요 -- , ? 등)을 삭제하고, 그 자리에 아래 **주어진 블록만을 사용**하여 코딩합니다(다른 블록 사용 불가).
- 한 블록을 여러 번 사용할 수 있으며 블록 안의 문자, 숫자, 기호 등을 적절히 변경합니다.

1 놀이공원의 입장료는 어른 15,000원, 어린이 10,000원입니다. 이미지를 판별하여 어른인지 어린이인지 판단하여 입장료를 안내하는 코드를 완성하시오.

 조건

1. 시험 플랫폼의 이미지를 다운받는다
2. 지도 학습(이미지 분류 학습)에서 '어른' 클래스와 '어린이' 클래스로 학습시킨다.
   (모델 이름: 어린이 구분)
3. 측정 이미지를 입력하여 입력한 이미지가 어른인지 어린이인지 구분한 후 입장료를 안내한다.
   (시험 특성상 카메라 인식 대신에 측정 이미지 삽입으로 대신함)

※ 코드가 맞는지 여부로 채점을 하고 지도학습의 정확도는 측정하지 않습니다.

```
시작버튼을 클릭했을 때
"지니야" 호출어 감지시 반복 실행
    음성합성(TTS) 한국어 "입장하시려면 카메라 앞에 얼굴을 보여주세요."
    -- 이 블록을 바꾸세요 --
    -- 이 블록을 바꾸세요 --
    만약  -- 이 블록을 바꾸세요 --  =  "어린이"
    하기
        음성합성(TTS) 한국어 "어린이는 입장료 10000원입니다."
        입장료 를 10000 로 설정
    아니라면
        음성합성(TTS) 한국어 "어른은 입장료 15000원입니다."
        입장료 를 15000 로 설정
    음성합성(TTS) 한국어 "즐거운 시간 보내세요."
```

활용할 블록

[어린이 구분 ▼ 모델로 이미지 분류하기]   [어린이 구분 ▼ 모델의 분류 결과]   [이미지 삽입하기 ▼]

실전 문제

1. 어른

    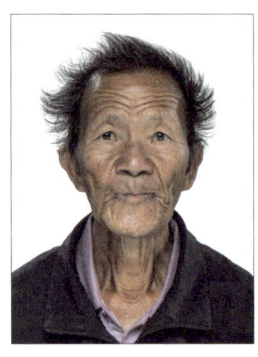

어른1 　　 어른2 　　 어른3 　　 어른4 　　 어른5

2. 어린이

 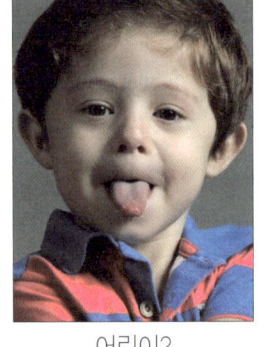   

어린이1 　　 어린이2 　　 어린이3 　　 어린이4 　　 어린이5

3. 측정 이미지

실전 문제

2. 리스트에 있는 음식이 어떤 종류의 음식인지 설명해 주는 코드를 완성하시오.

조건

1. "메뉴" 리스트를 추가하고 "된장찌개, 파스타, 김치전, 피자, 김치국, 학센"을 "음식" 리스트에 입력한다.

2. 아래의 도표를 보고 텍스트 분류 학습을 위한 모델을 학습시킨다. (모델명: 음식 분류)

클래스 명	항목
한식	김치, 불고기, 된장국, 산나물, 빈대떡
양식	스파게티, 파스타, 샐러드, 스테이크, 리조또

3. 코디니 블록 코드를 완성하여 "음식" 리스트의 각각의 항목이 한식, 양식 중 어느 분류에 속하는지 순서대로 음성으로 설명해 주는 프로그램을 코딩한다.

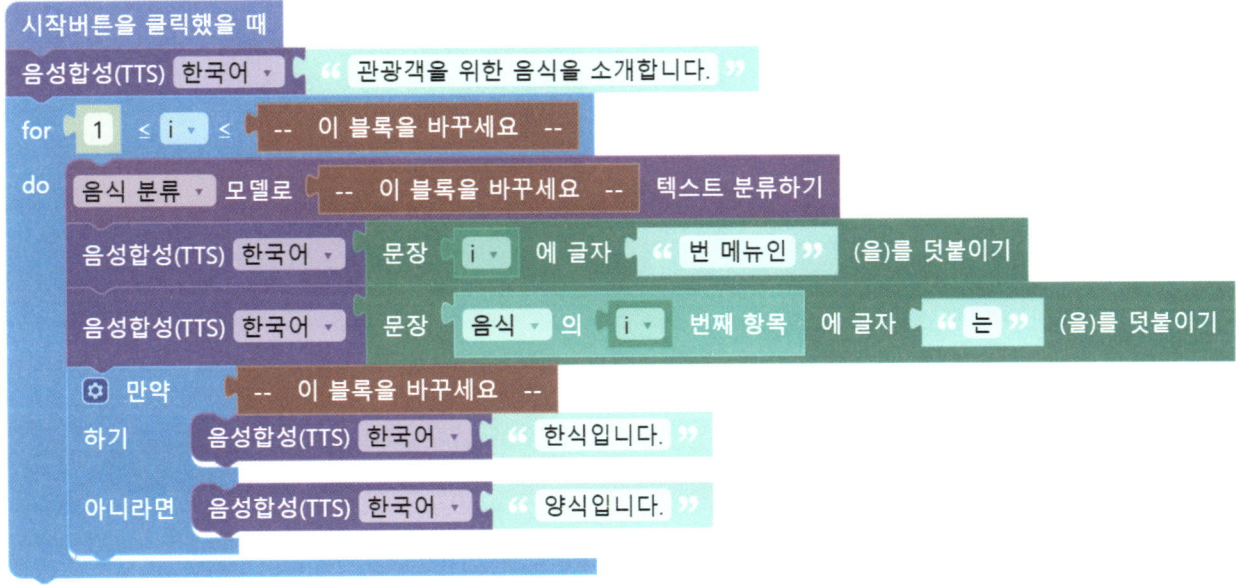

활용할 블록

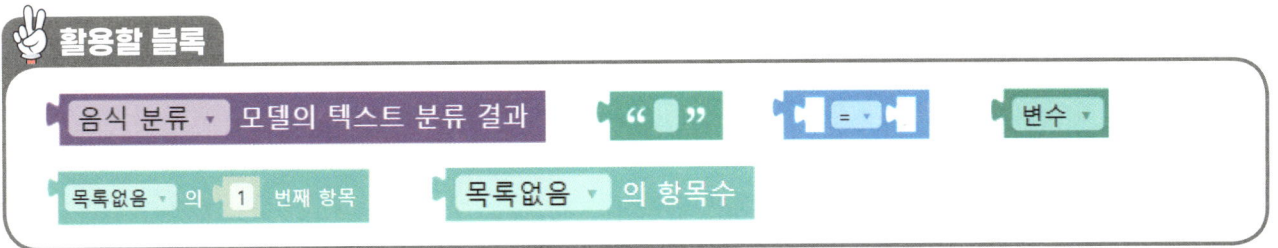

AICE Future 2급 검정 대비
모의 평가 실습 방법 안내

◆ 모의 평가 문제 파일을 다운로드 후 AI 코디니 프로그램에서 직접 실습해 보세요.

STEP 1
모의 평가 실습 파일 다운로드

코디니 홈페이지 접속 → 학습하기 메뉴 → 교육자료 탭 → AICE FUTURE 클릭
(https://aicodiny.com/edu-resource?tab=3) → 다운로드 클릭 → 압축파일(zip) 해제

STEP 2
실습 페이지 접속

코디니 홈페이지 → 만들기 메뉴 →
'AI 블록코딩' 클릭

STEP 3
실습용 gen 파일 불러오기

불러오기 → 파일 불러오기 클릭 → STEP1에서
다운로드 받아 둔 실습용 gen 파일 열기 클릭

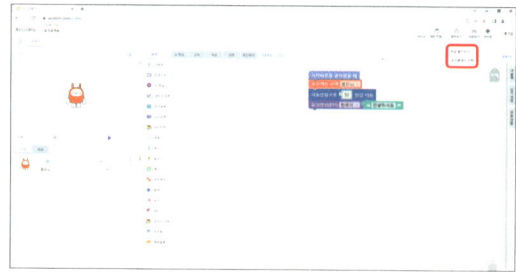

AICE Future 2급 검정
문제 유형 및 실전 대비 가이드

AICE Future 2급의 시험 문항은 이론 1문항과 실습 7문항으로 구성되어 있으며 1~4번 문항은 각 10점, 5~8번 문항은 각 15점으로 총 100점 만점입니다.

1. 이론
이론은 인공지능의 역사, 데이터 과학의 기초, 머신러닝, 인공지능 윤리 등 AI와 관련된 기본적인 지식에 대한 이해도를 측정합니다.

2. 실습(문항2~8)
AICE 2급의 실습 문제는 총 7문항으로 구성되어 있으며, 기본 코딩, 데이터 관리, AI 활용, 머신러닝 등 AI 코딩에 대한 기본적인 능력을 측정합니다.

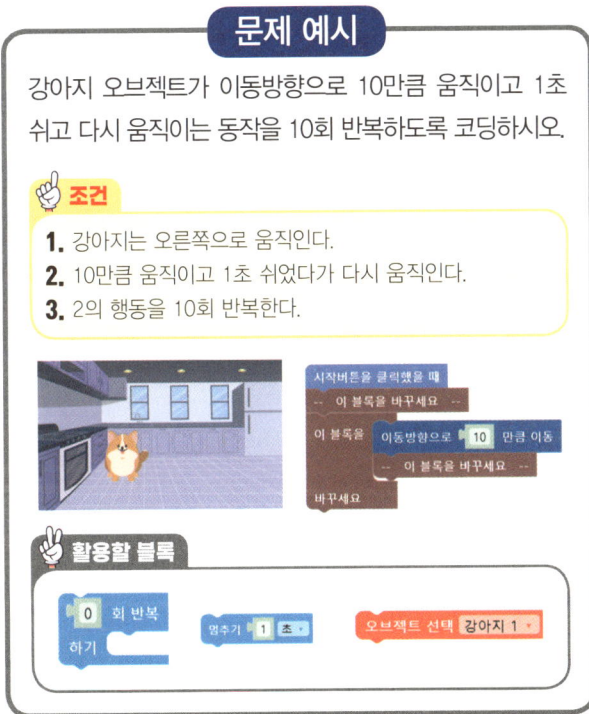

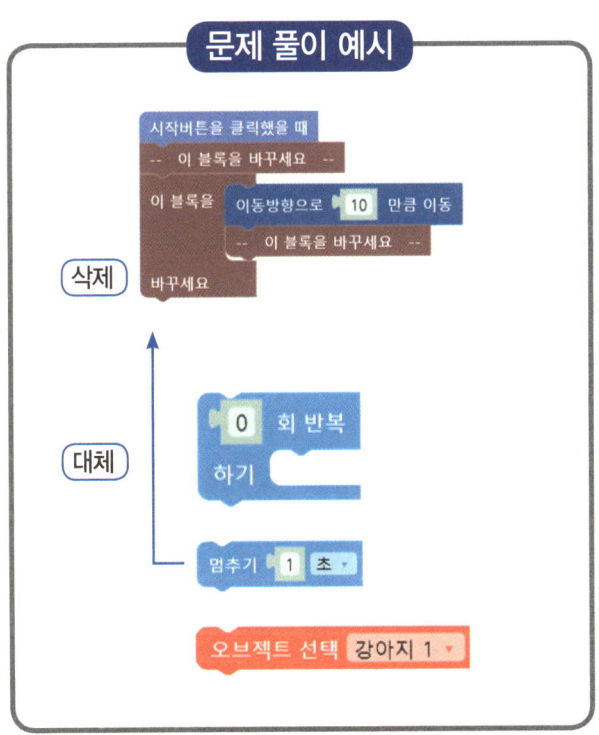

문제풀이 창에는 위와 같이 문제 출제 블록이 포함된 문제 출제 코드가 배치되어 있습니다.
〈문제 출제 블록〉(-- 이 블록을 바꾸세요 -- , ? 등)을 삭제하고 그 자리에 아래 주어진 블록으로 코딩하여 완성합니다. 완성 후 잘 작동하는지 확인해 보면 정답인지 아닌지 확인할 수 있습니다.

💡 유의사항
- 주어진 블록만을 사용하여야 하며 한 블록을 여러 번 사용할 수 있습니다.
- 블록 안의 숫자, 문자, 기호 등을 적절히 변경하여 프로그램을 완성합니다.

모의 평가

AICE Future 2급

AICE Future 2급 대비 모의 평가

문제 1
배점: 10점

1. 다음 중 빅데이터에 대한 설명으로 적당하지 <u>않은</u> 것을 고르시오. [   ]

① 빅데이터란 방대한 데이터로부터 결과를 분석하고 가치를 찾아내는 기술을 말합니다.

② 데이터의 양만 많으면 모두 빅데이터라고 할 수 있습니다.

③ 빅데이터의 특징은 규모(Volume), 속도(Velocity), 다양성(Variety)의 3V로 정의될 수 있습니다.

④ 빅데이터는 인공지능 기술 발달의 원동력이 되었습니다.

문제 2

배점: 10점

사과 가격과 수박 가격을 더해 합계를 구하는 코드를 완성하시오.

조건

1. 사과 가격과 수박 가격을 변수로 설정한다.
2. 사과는 3,000원, 수박은 15,000원으로 정한다.
3. 사과 가격은 숫자로, 수박 가격은 문자열로 입력되어 있다.
4. 두 변수를 더하여 합계를 구한다.
5. 합계 금액을 알림창에 표시한다.

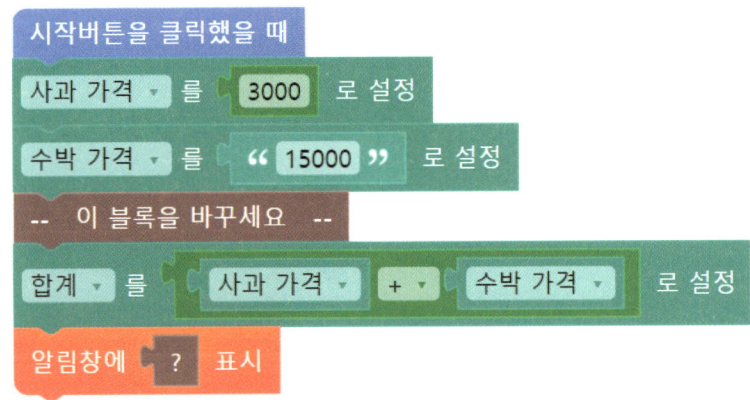

다음 블록을 활용하여 프로그램을 완성해 보세요.

- 〈문제 출제 블록〉(-- 이 블록을 바꾸세요 -- , ? 등)을 삭제하고 그 자리에 아래 주어진 블록만을 사용하여 코딩합니다 (다른 블록 사용 불가).
- 한 블록을 여러 번 사용할 수 있으며 블록 안의 문자, 숫자, 기호 등을 적절히 변경합니다.

활용할 블록

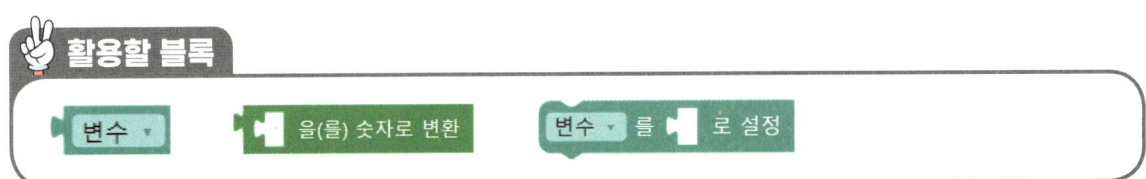

문제 3

배점: 10점

while문을 사용하여 100에서 500까지의 숫자 중 5의 배수의 합을 구하는 프로그램을 코딩하시오.

조건

1. while문 반복 블록을 사용한다.
2. 100에서 500 사이의 숫자 중 5의 배수를 판별한다.
3. 100에서 500 사이의 숫자 중 5의 배수의 합을 구한다.
4. 알림창에 표시한다.

```
시작버튼을 클릭했을 때
합계 를 0 로 설정
i 를 100 로 설정
조건이 i ≤ 500 이라면 반복하기
실행   만약 -- 이 블록을 바꾸세요 --
  하기  합계 를 합계 + i 로 설정
  i 를 i + 1 로 설정
알림창에 합계 표시
```

다음 블록을 활용하여 프로그램을 완성해 보세요.

- 〈문제 출제 블록〉(-- 이 블록을 바꾸세요 -- , ? 등)을 삭제하고 그 자리에 아래 주어진 블록만을 사용하여 코딩합니다 (다른 블록 사용 불가).
- 한 블록을 여러 번 사용할 수 있으며 블록 안의 문자, 숫자, 기호 등을 적절히 변경합니다.

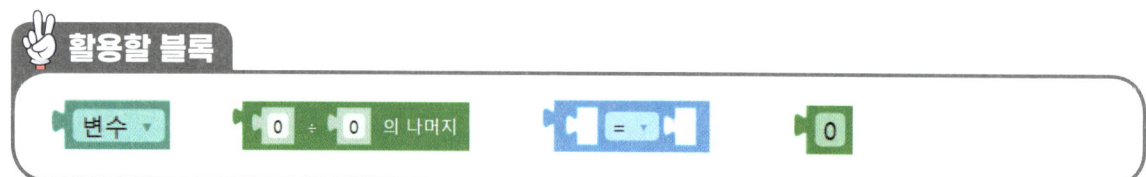

문제 4

배점: 10점

요일을 말하면 일정을 알려 주는 코드를 완성하시오.

조건

1. 다음과 같은 키와 값을 가진 '일정' 데이터 세트를 추가한다.

키	값
월요일	병원
수요일	축구 동아리
토요일	할머니 댁 방문

2. 음성으로 요일을 말하면 해당 요일에 예정되어 있는 일정을 알려 준다.

```
시작버튼을 클릭했을 때
 음성합성(TTS) 한국어 " 저는 일정을 알려주는 인공지능비서입니다. "
 " 지니야 " 호출어 감지시 반복 실행
   음성합성(TTS) 한국어 " 일정이 알고 싶은 요일을 말씀하세요. "
   음성인식결과 ▼ 를 음성 인식(STT) 한국어 ▼ 로 설정
   만약  -- 이 블록을 바꾸세요 --  =  빈 값(NULL)
   하기
     음성합성(TTS) 한국어 문장 음성인식결과 ▼ 에 글자 " 에는 " (을)를 덧붙이기
     음성합성(TTS) 한국어 " 특별한 일정이 없습니다. "
   아니라면
     음성합성(TTS) 한국어 -- 이 블록을 바꾸세요 --
     음성합성(TTS) 한국어 " 에는 "
     음성합성(TTS) 한국어 -- 이 블록을 바꾸세요 --
     음성합성(TTS) 한국어 " 일정이 있습니다. "
```

다음 블록을 활용하여 프로그램을 완성해 보세요.

- 〈문제 출제 블록〉(-- 이 블록을 바꾸세요 -- , ? 등)을 삭제하고 그 자리에 아래 주어진 블록만을 사용하여 코딩합니다 (다른 블록 사용 불가).
- 한 블록을 여러 번 사용할 수 있으며 블록 안의 문자, 숫자, 기호 등을 적절히 변경합니다.

활용할 블록

AICE Future 2급 대비 모의 평가

문제 5

배점: 15점

상어의 종류를 리스트에서 검색하고 리스트에 포함된 모든 항목을 거꾸로 출력하는 코드를 완성하시오.

조건

1. 다음과 같은 키와 값을 가진 '상어' 리스트를 추가한다.

   리스트 변수명: 상어

1	수염상어
2	고래상어
3	백상아리

2. 음성으로 상어 종류를 말하면 리스트 안에 포함되어 있는지 판별한다.

3. 상어 종류가 리스트 안에 포함되어 있으면 상어의 한 종류라고 말하고 리스트에 있는 상어의 종류를 '항목3'부터 시작하여 '항목1'까지 거꾸로 나열하여 설명해 준다.

다음 블록을 활용하여 프로그램을 완성해 보세요.

- 〈문제 출제 블록〉(-- 이 블록을 바꾸세요 -- , ? 등)을 삭제하고 그 자리에 아래 주어진 블록만을 사용하여 코딩합니다 (다른 블록 사용 불가).

- 한 블록을 여러 번 사용할 수 있으며 블록 안의 문자, 숫자, 기호 등을 적절히 변경합니다.

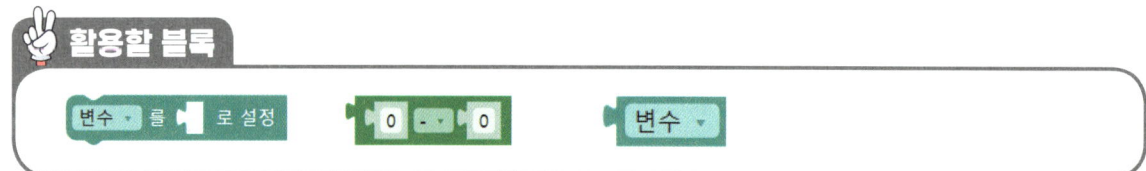

문제 6

배점: 15점

음성으로 기온이나 습도를 물어보면 대답하는 코드를 완성하시오.

☝ 조건

1. 서울 지역의 날씨 정보를 제공해 주는 API를 이용한다.
2. 온도를 물어보면 기온을, 습도를 물어보면 습도를 음성으로 알려 준다.

[블록 코드 이미지]
- 시작버튼을 클릭했을 때
- 음성합성(TTS) 한국어 " 저는 서울 지역의 온도와 습도를 알려드리는 AI입니다."
- "지니야" 호출어 감지시 반복 실행
  - 음성합성(TTS) 한국어 " 온도를 알려드릴까요? 습도를 알려드릴까요?"
  - 음성인식결과 를 음성 인식(STT) 한국어 로 설정
  - 만약 -- 이 블록을 바꾸세요 --
    - 하기 음성합성(TTS) 한국어 " 서울 지역의 온도는 "
    - 음성합성(TTS) 한국어 문장 ? 에 글자 " 입니다." (을)를 덧붙이기
  - 다른 경우 -- 이 블록을 바꾸세요 --
    - 하기 음성합성(TTS) 한국어 " 서울 지역의 습도는 "
    - 음성합성(TTS) 한국어 문장 ? 에 글자 " 입니다." (을)를 덧붙이기
  - 아니라면 음성합성(TTS) 한국어 " 다시 말씀해 주세요."

다음 블록을 활용하여 프로그램을 완성해 보세요.

- 〈문제 출제 블록〉(-- 이 블록을 바꾸세요 -- , ? 등)을 삭제하고 그 자리에 아래 주어진 블록만을 사용하여 코딩합니다 (다른 블록 사용 불가).
- 한 블록을 여러 번 사용할 수 있으며 블록 안의 문자, 숫자, 기호 등을 적절히 변경합니다.

✌ 활용할 블록

171

AICE Future 2급 대비 모의 평가

문제 7

배점: 15점

지하철 25호선에서는 경로석을 운영합니다. 안면 인식에 의해 노인은 경로석으로 안내하며 운임을 받지 않습니다. 노인을 판별하여 경로석으로 안내하는 코드를 완성하시오.

조건

1. 시험 플랫폼의 이미지를 다운받는다
2. 지도학습(이미지 분류 학습)에서 '노인' 클래스와 '일반인' 클래스로 학습시킨다. (모델이름: 경로석)
3. 측정 이미지를 입력하여 입력한 이미지가 노인인지 아닌지 구분하여 안내한다. (시험 특성상 카메라 인식 대신에 측정 이미지 삽입으로 대신함)

※ 코드가 맞는지 여부로 채점을 하고 지도학습의 정확도는 측정하지 않습니다.

```
시작버튼을 클릭했을 때
음성합성(TTS) 한국어 "어서오세요. 지하철 25호선입니다."
음성합성(TTS) 한국어 "저희 지하철은 경로석을 운영합니다."
"지니야" 호출어 감지시 반복 실행
    -- 이 블록을 바꾸세요 --
    -- 이 블록을 바꾸세요 --
    만약 -- 이 블록을 바꾸세요 -- = "노인"
    하기  음성합성(TTS) 한국어 "경로석으로 가세요. 운임은 없습니다."
    아니라면 음성합성(TTS) 한국어 "운임 2000원이 결제되었습니다."
```

다음 블록을 활용하여 프로그램을 완성해 보세요.

- 〈문제 출제 블록〉 (-- 이 블록을 바꾸세요 -- , ? 등)을 삭제하고 그 자리에 아래 주어진 블록만을 사용하여 코딩합니다 (다른 블록 사용 불가).
- 한 블록을 여러 번 사용할 수 있으며 블록 안의 문자, 숫자, 기호 등을 적절히 변경합니다.

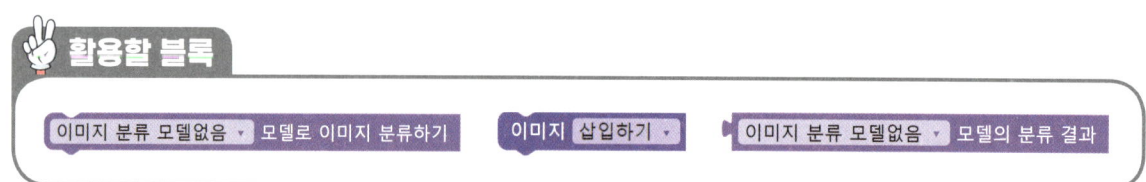

1. 노인

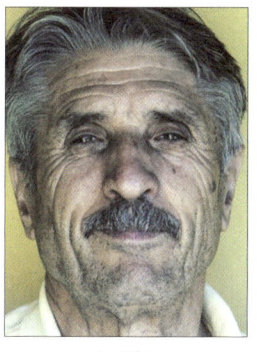  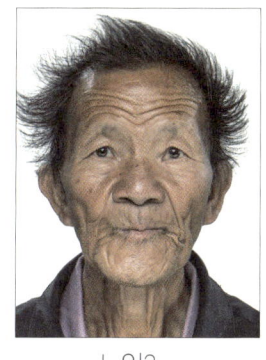  

노인1   노인2   노인3   노인4   노인5

2. 일반인

일반인1   일반인2   일반인3   일반인4   일반인5

3. 측정 이미지

AICE Future 2급 대비 모의 평가

문제 8

실습 B형 / 배점: 15점

생물의 이름을 보고 동물, 식물을 구분하여 맞히는 코드를 만들어 완성하시오.

조건

1. "생물 이름" 리스트를 추가하고 "강아지, 시금치, 돼지, 배추"를 "생물 이름" 리스트에 입력한다.

2. 아래의 도표를 보고 텍스트 분류 학습을 위한 모델을 학습시킨다.(모델명: 동식물 구분)

클래스명	항목
동물	병아리, 오리, 까마귀, 사자, 호랑이, 고양이
식물	개나리, 진달래, 소나무, 참나무, 버드나무

3. 코디니 블록 코드를 완성하여 "생물 이름" 리스트의 각각의 항목이 동물과 식물 중 어느 분류에 속하는지 출력하는 프로그램을 코딩한다.

※ 코드가 맞는지 여부로 채점을 하고 지도학습의 정확도는 측정하지 않습니다.

다음 블록을 활용하여 프로그램을 완성해 보세요.

- 〈문제 출제 블록〉(이 블록을 바꾸세요 , ? 등)을 삭제하고 그 자리에 아래 주어진 블록만을 사용하여 코딩합니다 (다른 블록 사용 불가).

- 한 블록을 여러 번 사용할 수 있으며 블록 안의 문자, 숫자, 기호 등을 적절히 변경합니다.

활용할 블록

실전 문제 정답 및 해설

AICE Future 2급

제1장 인공지능 이론

29 ~ 32쪽

문제1. 정답 ④
해설 전문가 시스템은 1980년대 인공지능의 특징입니다.

문제2. 정답 ②
해설 GPU(Graphic Processing Unit, 그래픽 처리장치)가 인공지능 컴퓨터의 핵심 부품으로 사용되기 시작한 것이 인공지능 발달에 대한 하드웨어 측면의 계기가 되었습니다.

문제3. 정답 ④
해설 데이터의 양만 많다고 빅데이터라고 할 수 없습니다.

문제4. 정답 ②
해설 데이터는 주로 현실 세계에서 측정하고 수집합니다.

문제5. 정답 ①
해설 문제 해결을 위해서는 데이터의 속성을 잘 살펴보아야 합니다.

문제6. 정답 ③
해설 이미지, 소리, 텍스트, 수치 데이터 등 어떤 유형의 데이터가 필요한지 잘 판단하여 수집하도록 합니다.

문제7. 정답 ③
해설 나이팅게일의 그래프를 본 당국에서는 그 내용을 쉽게 이해할 수 있었습니다.

문제8. 정답 ③
해설 딥러닝 기술이 등장하면서 머신러닝 기술이 크게 발전하였습니다.

문제9. 정답 ④
해설 딥러닝은 컴퓨터에게 개와 고양이에 대한 눈 크기, 털 길이, 색깔 등의 데이터를 주지 않고 이미지만 보여 주고 학습시키는 방법입니다.

문제10. 정답 ②
해설 지도학습에서는 하나의 레이블에 한 종류의 많은 데이터를 주고 학습을 시켜야 합니다.

문제11. 정답 ②
해설 분류는 지도학습의 대표적인 학습 방법입니다.

문제12. 정답 ③
해설 ChatGPT 같이 질문에 답을 해 주는 AI가 등장하였더라도 우리의 학습에 방해가 되지 않도록 선택적으로 활용하여야 합니다.

제2장 AI 학습을 위한 기본 코딩 1

54 ~ 57쪽

문제 1. 정답

시작버튼을 클릭했을 때
이동 ▼ 신호 보내고 기다리기
오브젝트 선택 안경 쓴 학생 ▼
현재 위치에서 y: -100 만큼 이동

이동 ▼ 신호를 받았을 때
오브젝트 선택 선생님 ▼
현재 위치에서 y: -100 만큼 이동

해설

학생이 이동 신호를 보내고 기다리는 동안 선생님이 먼저 이동합니다.

문제 2. 정답

마우스를 클릭했을 때
오브젝트 선택 코디니 ▼
오브젝트를 200 % 크기로 바꾸기

마우스 클릭을 해제했을 때
오브젝트 선택 코디니 ▼
오브젝트를 50 % 크기로 바꾸기

해설

마우스를 클릭하면 코디니가 커졌다가 해제하면 작아집니다.

문제 3. 정답

시작버튼을 클릭했을 때
오브젝트 선택 물고기 2 ▼
10 회 반복
하기 이동방향으로 10 만큼 이동
      멈추기 1 초 ▼

해설

10회 반복하기 위해서는 반복 블록을 사용합니다.

제2장 AI 학습을 위한 기본 코딩 1

문제 4. 정답

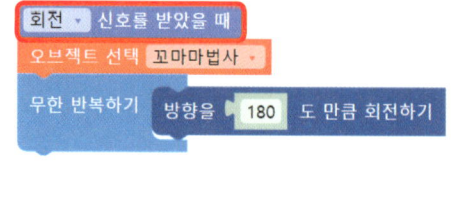

해설
요정 할머니 오브젝트에 마우스 포인트가 닿으면 요정 할머니(자신)의 코드가 멈추도록 합니다.

문제 5. 정답

해설
참, 거짓을 판별하여 명령을 수행하도록 코딩합니다.

제2장 AI 학습을 위한 기본 코딩 1

문제 6. 정답

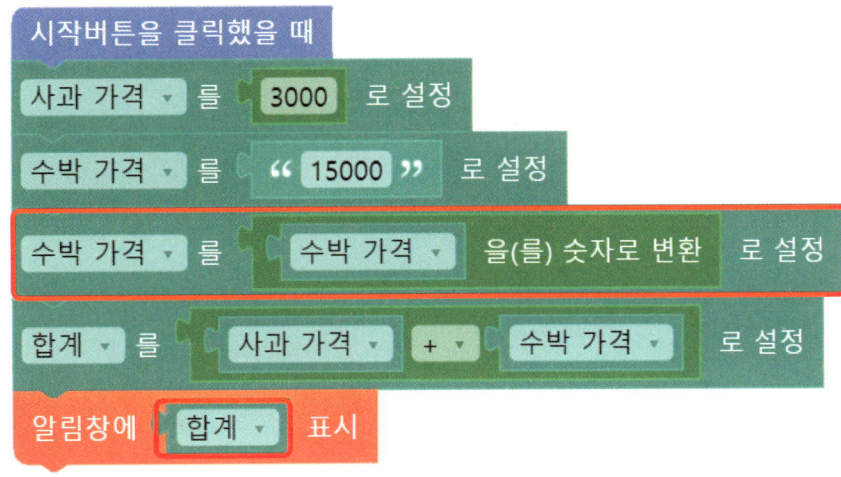

해설

문자열로 입력한 숫자도 문자열이므로 연산을 하기 위해서는 숫자로 변환을 해 주어야 합니다.

문제 7. 정답

해설

계산 카테고리에서 현재 시간 블록을 불러와 사용합니다. 소리 알람 블록을 코딩하기 전에 소리 메뉴에서 알람 소리를 추가해 주어야 합니다.

제2장 AI 학습을 위한 기본 코딩 2

65 ~ 66쪽

문제 1. 정답

```
시작버튼을 클릭했을 때
합계 ▼ 를 0 로 설정
i ▼ 를 10 로 설정
조건이 i ▼ ≤ ▼ 200 이라면 반복하기
실행  만약 [ i ▼ ÷ 7 의 나머지 ≠ ▼ 0 ]
     하기 합계 ▼ 를 합계 ▼ + ▼ i ▼ 로 설정
     i ▼ 를 i ▼ + ▼ 1 로 설정
알림창에 합계 ▼ 표시
```

해설

7의 배수는 7로 나누었을 때 나머지가 0이 되는 수입니다. 따라서 7의 배수가 아닌 수는 7로 나누었을 때, 0이 되지 않는 수입니다.

문제 2. 정답

```
시작버튼을 클릭했을 때
합계 ▼ 를 0 로 설정
for 1 ≤ i ▼ ≤ 10
do  만약 [ i ▼ ÷ 3 의 나머지 ≠ ▼ 0   그리고 ▼   i ▼ ÷ 7 의 나머지 ≠ ▼ 0 ]
    하기 합계 ▼ 를 합계 ▼ + ▼ i ▼ 로 설정
알림창에 합계 ▼ 표시
```

해설

3의 배수가 아닌 수는 3으로 나누었을 때 나머지가 0이 아닌 수이고 7의 배수가 아닌 수는 7로 나누었을 때 나머지가 0이 아닌 수입니다. 이 두 수를 "그리고" 비교연산 블록에 넣으면 3의 배수도 아니고 7의 배수도 아닌 수가 됩니다.

제3장 데이터 학습 1

문제 1. 정답

```
시작버튼을 클릭했을 때
 "지니야" 호출어 감지시 반복 실행
   음성합성(TTS) 한국어 "누구의 전화번호를 알려드릴까요?"
   음성인식결과 를 음성 인식(STT) 한국어 로 설정
   전화번호 를 전화번호부 데이터 세트에서 음성인식결과 키 값으로 조회 로 설정
   만약 전화번호 = 빈 값(NULL)
   하기  음성합성(TTS) 한국어 "전화번호가 없습니다."
   아니라면  음성합성(TTS) 한국어 전화번호
```

해설

주어진 키와 값으로 "전화번호부" 데이터 세트를 만들고 음성인식결과 값을 키 값으로 하여 데이터 세트에서 조회하여 전화번호를 출력하도록 합니다.

문제 2. 정답

```
시작버튼을 클릭했을 때
 "지니야" 호출어 감지시 반복 실행
   음성합성(TTS) 한국어 "운동선수 이름을 말씀해 주세요."
   음성인식결과 를 음성 인식(STT) 한국어 로 설정
   종목 를 운동선수 데이터 세트에서 음성인식결과 키 값으로 조회 로 설정
   만약 종목 = 빈 값(NULL)
   하기  문장 를 문장 문장 "말씀하신" 에 글자 음성인식결과 (을)를 덧붙이기 에 글자 "에 대한 정보가 없습니다." (을)를 덧붙이기 로 설정
        음성합성(TTS) 한국어 문장
   아니라면  음성합성(TTS) 한국어 음성인식결과
            음성합성(TTS) 한국어 "는"
            음성합성(TTS) 한국어 종목
            음성합성(TTS) 한국어 "의 선수입니다."
```

해설

데이터 세트에서 조회한 값이 없을 경우(null), 정보가 없다고 알려 줍니다.

제3장 데이터 학습 2

99 ~ 102쪽

문제 1. 정답

해설: 주어진 데이터로 "여름 과일"과 "가을 과일" 리스트를 만들어 저장하고 해당 리스트에 있는 과일인지, 조건문에 의해 알려주도록 코딩합니다.

문제 2. 정답

해설: 주어진 데이터로 "2호선" 리스트를 만든 후, for문을 이용하여 특정 항목부터 차례로 출력되도록 코딩합니다.

제5장 다양한 AI 코딩하기 1

126~127쪽

문제 1. 정답

```
시작버튼을 클릭했을 때
음성합성(TTS) 한국어 " 지니를 부르면 지역별 기온을 영어로 알려드립니다. "
" 지니야 " 호출어 감지시 반복 실행
    음성합성(TTS) 영어(미국) [ 한국어 을(를) / 영어 로 번역하기 ] " 기온을 알고 싶은 지역을 말씀해 주세요. "
    음성인식결과 를 음성 인식(STT) 한국어 로 설정
    음성합성(TTS) 영어(미국) [ 한국어 을(를) / 영어 로 번역하기 ] 문장 음성인식결과 에 글자 " 의 기온은 " (을)를 덧붙이기
    음성합성(TTS) 영어(미국) [ 한국어 을(를) / 영어 로 번역하기 ] 기온 지역 음성인식결과
```

해설

기온 API블록을 활용하여 해당 지역의 기온을 출력 받은 후 영어로 번역하여 알려 주도록 번역 블록과 음성합성 블록을 함께 사용하여 코딩합니다.

문제 2. 정답

```
시작버튼을 클릭했을 때
음성합성(TTS) 한국어 " 저는 우리말을 영어와 일본어로 통역해 드립니다. "
" 지니야 " 호출어 감지시 반복 실행
    음성합성(TTS) 한국어 " 통역할 내용을 알려주세요. "
    우리말 를 음성 인식(STT) 한국어 로 설정
    음성합성(TTS) 한국어 " 어떤 언어로 통역해 드릴까요? "
    음성인식결과 를 음성 인식(STT) 한국어 로 설정
    만약 문장 음성인식결과 에 글자 " 영어 " 포함 여부
    하기
        음성합성(TTS) 영어(미국) [ 한국어 을(를) 우리말 / 영어 로 번역하기 ]
    만약 문장 음성인식결과 에 글자 " 일본어 " 포함 여부
    하기
        음성합성(TTS) 일본어 [ 한국어 을(를) 우리말 / 일본어 로 번역하기 ]
```

해설

먼저 통역할 내용을 "우리말"변수에 저장하고 조건 블록을 사용하여 영어와 일본어 중 선택하여 통역하도록 코딩합니다.

제5장 다양한 AI 코딩하기 2

140 ~ 141쪽

문제 1. 정답

```
시작버튼을 클릭했을 때
  "지니야" 호출어 감지시 반복 실행
    음성합성(TTS) 한국어 "무엇이 궁금하신가요?"
    음성인식결과 를 음성 인식(STT) 한국어 로 설정
    만약 문장 음성인식결과 에 글자 "뭐야" 포함 여부
    하기
      이미지 삽입하기
      이미지 의 객체 감지하기
      음성합성(TTS) 한국어 "이것은"
      음성합성(TTS) 한국어 영어 을(를) 한국어 로 번역하기 1 번째 객체
      음성합성(TTS) 한국어 "입니다."
```

해설
이미지를 삽입한 후, 이미지의 객체를 인식하도록 코딩합니다.

문제 2. 정답

```
시작버튼을 클릭했을 때
  음성합성(TTS) 한국어 "저는 관광명소를 알려주는 AI입니다."
  "지니야" 호출어 감지시 반복 실행
    음성합성(TTS) 한국어 "알고 싶은 명소의 이미지를 삽입하고 어디인지 물어보세요."
    이미지 삽입하기
    이미지 명소 감지하기
    감지 결과 를 영어 을(를) 한국어 로 번역하기 1 번째 명소 로 설정
    음성인식결과 를 음성 인식(STT) 한국어 로 설정
    만약 문장 음성인식결과 에 글자 "어디" 포함 여부
    하기
      만약 문장 감지 결과 에 글자 "없습니다" 포함 여부
      하기
        음성합성(TTS) 한국어 "제가 모르는 장소입니다."
      아니라면
        음성합성(TTS) 한국어 "인식된 장소는"
        음성합성(TTS) 한국어 문장 감지 결과 에 글자 "입니다." (을)를 덧붙이기
```

해설
명소의 이미지를 삽입한 후 명소가 어디인지 감지하여 출력하도록 코딩합니다.

제5장 다양한 AI 코딩하기 3

159~161쪽

문제 1. 정답

```
시작버튼을 클릭했을 때
"지니야" 호출어 감지시 반복 실행
    음성합성(TTS) 한국어 "입장하시려면 카메라 앞에 얼굴을 보여주세요."
    이미지 삽입하기
    어린이 구분 모델로 이미지 분류하기
    만약  어린이 구분 모델의 분류 결과 = "어린이"
    하기
        음성합성(TTS) 한국어 "어린이는 입장료 10000원입니다."
        입장료 를 10000 로 설정
    아니라면
        음성합성(TTS) 한국어 "어른은 입장료 15000원입니다."
        입장료 를 15000 로 설정
    음성합성(TTS) 한국어 "즐거운 시간 보내세요."
```

해설

먼저 AI 학습 → 지도학습 → 이미지 분류에 들어가 어른과 어린이 이미지를 입력하여 모델링을 합니다. 다시 블록 카테고리의 AI 학습에서 이미지 분류 활용 블록을 불러와 학습시킨 모델의 데이터를 활용하여 코딩을 합니다.

문제 2. 정답

```
시작버튼을 클릭했을 때
음성합성(TTS) 한국어 "관광객을 위한 음식을 소개합니다."
for 1 ≤ i ≤ 음식 의 항목수
do
    음식 분류 모델로 음식 의 i 번째 항목 텍스트 분류하기
    음성합성(TTS) 한국어 문장 i 에 글자 "번 메뉴인" (을)를 덧붙이기
    음성합성(TTS) 한국어 문장 음식 의 i 번째 항목 에 글자 "는" (을)를 덧붙이기
    만약 음식 분류 모델의 텍스트 분류 결과 = "한식"
    하기
        음성합성(TTS) 한국어 "한식입니다."
    아니라면
        음성합성(TTS) 한국어 "양식입니다."
```

해설

먼저 AI 학습 → 지도학습 → 텍스트 분류에 들어가 주어진 데이터를 입력하여 모델링을 합니다. 다시 블록 카테고리의 AI 학습에서 텍스트 분류 활용 블록을 불러와 학습시킨 모델의 데이터를 활용하여 코딩을 합니다.

모의 평가
정답 및 해설

AICE Future 2급

모의 평가 정답

문제1. **정답** ②

해설 단순히 데이터의 양만 많다고 빅데이터라고 할 수는 없습니다.

문제2. **정답**

```
시작버튼을 클릭했을 때
사과 가격 ▼ 를 [3000] 로 설정
수박 가격 ▼ 를 " 15000 " 로 설정
수박 가격 ▼ 를 [수박 가격 ▼ 을(를) 숫자로 변환] 로 설정
합계 ▼ 를 [사과 가격 ▼ + 수박 가격 ▼] 로 설정
알림창에 [합계 ▼] 표시
```

해설 문자열로 입력한 숫자도 문자열이므로 연산을 하기 위해서는 숫자로 변환을 해 주어야 합니다.

문제3. **정답**

```
시작버튼을 클릭했을 때
합계 ▼ 를 [0] 로 설정
i ▼ 를 [100] 로 설정
조건이 [i ▼ ≤ 500] 이라면 반복하기
실행  만약 [i ▼ ÷ 5 의 나머지 = 0]
하기  합계 ▼ 를 [합계 ▼ + i ▼] 로 설정
     i ▼ 를 [i ▼ + 1] 로 설정
알림창에 [합계 ▼] 표시
```

해설
5의 배수는 어떤 수를 5로 나누었을 때, 나머지가 0인 수입니다.

문제 4. 정답

(블록 코딩 이미지)

해설

데이터 세트에서 '음성인식결과' 값으로 조회하여 출력하도록 코딩합니다.

문제 5. 정답

(블록 코딩 이미지)

해설

리스트의 항목을 거꾸로 출력하도록 코딩하는 문제입니다. 거꾸로 출력하도록 하려면 '항목 = 항목 − 1'로 코딩을 해야 합니다.

모의 평가 정답

문제6. 정답

```
시작버튼을 클릭했을 때
  음성합성(TTS) 한국어 "저는 서울 지역의 온도와 습도를 알려드리는 AI입니다."
  "지니야" 호출어 감지시 반복 실행
    음성합성(TTS) 한국어 "온도를 알려드릴까요? 습도를 알려드릴까요?"
    음성인식결과를 음성 인식(STT) 한국어 로 설정
    만약 문장 [음성인식결과]에 글자 "온도" 포함 여부
    하기
      음성합성(TTS) 한국어 "서울 지역의 온도는"
      음성합성(TTS) 한국어 문장 [기온▼ 지역 서울▼]에 글자 "입니다." (을)를 덧붙이기
    다른 경우 문장 [음성인식결과]에 글자 "습도" 포함 여부
    하기
      음성합성(TTS) 한국어 "서울 지역의 습도는"
      음성합성(TTS) 한국어 문장 [습도▼ 지역 서울▼]에 글자 "입니다." (을)를 덧붙이기
    아니라면 음성합성(TTS) 한국어 "다시 말씀해 주세요."
```

해설 기온을 물어보았는지, 습도를 물어보았는지 판별하여 API에서 출력되도록 코딩합니다.

문제 7. 정답

```
시작버튼을 클릭했을 때
  음성합성(TTS) 한국어 "어서오세요. 지하철 25호선입니다."
  음성합성(TTS) 한국어 "저희 지하철은 경로석을 운영합니다."
  "지니야" 호출어 감지시 반복 실행
    이미지 삽입하기
    경로석▼ 모델로 이미지 분류하기
    만약 [경로석▼ 모델의 분류 결과] = "노인"
    하기 음성합성(TTS) 한국어 "경로석으로 가세요. 운임은 없습니다."
    아니라면 음성합성(TTS) 한국어 "운임 2000원이 결제되었습니다."
```

해설
먼저 상단 메뉴의 AI 학습 → 지도학습 → 이미지 분류에 들어가 노인과 일반인을 레이블로 모델링을 한 후, 블록 카테고리의 AI 학습에서 이미지 분류학습 블록을 불러와 코딩합니다.

문제 8. 정답

시작버튼을 클릭했을 때
- i 를 1 로 설정
- 음성합성(TTS) 한국어 " 안녕하세요? 저는 동식물을 구분해 주는 AI입니다. "
- 생물 이름 의 항목수 회 반복
  하기
  - 동식물 구분 모델로 생물 이름 의 i 번째 항목 텍스트 분류하기
  - 만약 동식물 구분 모델의 텍스트 분류 결과 = " 동물 "
    - 하기
      - 음성합성(TTS) 한국어 생물 이름 의 i 번째 항목
      - 음성합성(TTS) 한국어 " 는 동물입니다. "
    - 아니라면
      - 음성합성(TTS) 한국어 생물 이름 의 i 번째 항목
      - 음성합성(TTS) 한국어 " 은 식물입니다. "
  - i 를 i + 1 로 설정

해설

먼저 상단 메뉴의 AI 학습→지도학습→텍스트 분류에 들어가 동물과 식물 이름을 모델링 한 후, 블록 카테고리의 AI 학습에서 텍스트 분류학습 블록을 불러와 코딩합니다.

인공지능 활용능력 평가
AICE FUTURE 2급

기획 및 개발	(주)케이티
집 필 진	(주)케이티, (주)와이즈교육
발 행 인	Team AICE
발 행 처	한국경제매거진
주　　　소	서울 중구 청파로 463 한국경제 6층 한국경제매거진
내 용 문 의	1588-6301(ARS2)

이 책의 모든 저작권은 (주)케이티에 있습니다.